Gert Jeschonnek

Die Bundesmarine von 1955 bis heute

Bundesmarine 1955 bis heute

Gert Jeschonnek

wehr & wissen

Bildnachweis: Flottenkommando, Marineamt, Privat, Mönch-Verlag

Gestaltung, Schutzumschlag: W. Wilczek, M. Elsner-Marasson
Gesamtherstellung bei Druckerei Robert Pütz, Köln-Rodenkirchen
ISBN 3-8033-0237-4

Inhalt

Vorwort

Die kurze Geschichte der deutschen Streitkräfte steht ganz im Zeichen einer Wehrpflichtarmee, die ein typisches Spiegelbild der gesellschaftspolitischen Entwicklung in der Bundesrepublik abgibt. Die Soldaten sind kein Staat im Staate. Sie tragen ihn mit. Zu keinem Zeitpunkt in der deutschen Militärgeschichte aber prägte auch die technische Entwicklung so entscheidend das Gesicht moderner Streitkräfte. Davon ist die Marine in besonderer Weise tangiert. Das vorliegende Buch zeigt daher nicht nur die einzelnen Aufbauetappen auf, es beinhaltet auch jene Größenordnungen im Rahmen der Modernisierungen, die dem hohen Anspruch gerecht werden, die der Auftrag an die Marine innerhalb der westlichen Allianz mit sich bringt. Mensch und Technik bestimmen heute und morgen das Bild einer Marine, die mehr denn je auch ein Mittel der Politik sein sollte. Entsprechend den sicherheitspolitischen Grundsätzen, die dem atlantischen Bündnis zum Gebot wurden. Die Bundesmarine leistet dazu einen wichtigen Beitrag.

Der Weg in die Allianz

Zwei Monate nach der Kapitulation des Deutschen Reiches, die 1945 den 2. Weltkrieg in Europa beendete, wurden kleinere Gruppen ehemaliger Kriegsmarine-Soldaten unter britischer Kontrolle in verschiedenen Standorten zum Dienst in den Organisationen des Deutschen Minenräumdienstes und in sogenannten Marine-Dienstgruppen im Nord- und Ostseebereich zusammengezogen. Hinzu kamen eine Dienstgruppe unter Kontrolle der US-Navy in Bremerhaven und eine weitere Gruppe, die unter französischer Verantwortung für die Beseitigung von Schiffswracks aus dem Rhein sorgte.

Insgesamt waren mehr als 600 000 Minen verschiedener Typen zu räumen, beziehungsweise unschädlich zu machen. In London koordinierte das International Mine Clearance Board diese Aktionen. Am 27. Juli 1945 wurden unter britischer Kontrolle die 1. und die 2. Minenräum-Division (Kiel und Cuxhaven) aufgestellt. Es folgten die 3. in Kopenhagen, die 4. in Oslo und die 5. in Ymuiden. 16 000 Mann bildeten die Besatzungen der rund 300 Fahrzeuge. Die Männer trugen den Status von Kriegsgefangenen. Besondere Vorschriften regelten Besoldung, Urlaub, Bekleidung und Verpflegung, Disziplinarwesen und selbst das Beförderungswesen.

Im Herbst 1946 erreichte der „Deutsche Minenräumdienst" seinen personellen und materiellen Höchststand mit 27 000 Mann und 840 Fahrzeugen. Nach Erfüllung der ersten Aufgaben erfolgte die Auflösung der Verbände und ihre Umgliederung. Am 1. Januar 1948 wurde der Deutsche Minenräumverband Cuxhaven mit 560 Freiwilligen und 17 Fahrzeugen gebildet. Ende Juni 1951 wurde der Verband in die britische „Marinedienstgruppe" (150 Mann, fünf Boote) umgegliedert. Am 1. Juli gleichen Jahres stellten die Amerikaner die „US-Labour-Service Unit" auf. Ihr gehörten 990 Mann und 41 Fahrzeuge an. 1957 wurde die Einheit aufgelöst.

Die Minenräumarbeiten forderten 384 Todesopfer unter den Besatzungen. Acht Fahrzeuge gingen verloren.

Aus dem Stamm der bewährten Besatzungen konnte die Bundesmarine später zahlreiche Freiwillige gewinnen, die wesentlichen Anteil an der Überwindung vieler mit der Neuaufstellung verbundener Schwierigkeiten hatten. Doch bis dahin war es noch ein weiter Weg. Entscheidend bestimmt durch die politische Entwicklung im west-östlichen Spannungsverhältnis.

Die Aufnahme der Bundesrepublik in die Gemeinschaft der freien Nationen, die sich gemeinsam um die Sicherung ihres Lebensraumes bemühten, basiert auf dem Nordatlantikpakt, der am 4. April 1949 in Washington unterzeichnet worden war. Er hatte wesentlichen Anteil an der künftigen außen- und sicherheitspolitischen Ausrichtung der Westmächte. In diesem Pakt verpflichteten sich die zwölf damaligen Vertragspartner zu gemeinsamem Handeln auf militärischem, politischem, wirtschaftlichem und sozialem Gebiet.

Zwei wesentliche Ziele hatte sich die NATO-Organisation s. Zt. gesetzt: Die in ihr zusammengeschlossene Staatengemeinschaft sollte eine Atmosphäre des gegenseitigen Vertrauens und der Stabilität gegenüber den kommunistisch regierten Ländern schaffen und sollte ferner, um etwaige Angriffsabsichten der Sowjet-Union von vornherein auszuschließen, eine ausreichende militärische Streitmacht bilden und in ständiger Bereitschaft halten. Nach Artikel 5 des NATO-Vertrages sollte ein bewaffneter Angriff gegen einen oder mehrere Vertragspartner in Europa oder Nord-Amerika als ein Angriff auf alle Mitglieder der Gemeinschaft angesehen werden und sie zu gemeinschaftlichen Aktionen gegen den Angreifer verpflichten. Die Formulierung dieses Artikels war in der Folge vielfach umstritten, da er es den einzelnen NATO-Mitgliedsstaaten überließ, für welche „geeigneten Mittel", den Einsatz bewaffneter Streitkräfte eingeschlossen, sie sich unter Berücksichtigung ihrer nationalen Interessen entschieden. Dennoch entsandten die in der Gemeinschaft zusammengeschlossenen Nationen ohne Ausnahme Vertreter in die höheren Kommandostäbe und beteiligten sich mit Truppeneinheiten an den ständig assignierten oder für einen Verteidigungsfall vorgesehenen Streitkräfte der Allianz. Bei zahlreichen NATO-Übungen, von kleineren regionalen Übungen bis zu größeren Manövern aller Land-, See- und Luftstreitkräfte der Verbündeten im gesamten atlantischen Bereich, hatte sich diese Zusammenarbeit in den vergangenen Jahrzehnten vollauf bewährt. Das Herauslösen der französischen Streitkräfte aus der aktiven Teilnahme an dieser Zusammenarbeit, weithin mit Enttäuschung vermerkt, hat diese Resultate erfreulicherweise nicht wesentlich beeinflussen können. Die Arbeiten liefen weiter.

Etwa ein Jahr bevor der Nordatlantik-Vertrag in Washington unterzeichnet wurde, war am 17. März 1948 der Brüsseler Vertrag geschlossen worden, mit dem sich Belgien, Frankreich, Großbritannien, die Niederlande und Luxemburg zu einem westeuropäischen Bündnis zusammengeschlossen hatten. Diesem Bündnis, das sich zunächst ausdrücklich gegen eine etwaige deutsche Aggressionspolitik richtete, traten die Bundesrepublik Deutschland und Italien nach Abschluß der sogenannten Pariser Verträge am 6. Mai 1955 bei. Aus dem gegen einen deutschen Angriff abgeschlossenen Brüsseler Vertrag hatten sich in wenigen Jahren die Pariser Verträge unter Beteiligung der Bundesrepublik entwickelt.

Voraussetzungen hierfür und zur Gründung der Westeuropäischen Union (WEU) hatten sich ergeben, nachdem die mehrjährigen Bemühungen um die Schaffung einer Europäischen Verteidigungsgemeinschaft (EVG) am 30. August 1954 im französischen Parlament gescheitert waren.

Mit Ratifizierung der Pariser Verträge und Gründung der WEU wurde das Besatzungsregime in der Bundesrepublik beendet. Nur drei Tage danach, am 9. Mai 1955, zehn Jahre nach der Kapitulation Deutschlands, wurde die Bundesrepublik Deutschland in die NATO aufgenommen. Sie wurde damit de facto ein souveräner Staat, ohne daß die Siegermächte einen Friedensvertrag mit Deutschland abgeschlossen hätten.

Eine eigene militärische Organisation unterhält die WEU nicht, obwohl die von ihr übernommenen Brüsseler Pakt-Verpflichtungen, im Gegensatz zum NATO-Vertrag, eine automatische militärische Beistandspflicht einschließen. Die militärischen Funktionen, die sich hieraus für die WEU-Partner ergaben, wurden dem NATO-Oberbefehlshaber Europa (SACEUR) übertragen. Damit waren die Voraussetzungen für die Herstellung einer wirksamen Verteidigungsbereitschaft des NATO- und zugleich des WEU-Bündnisses gegenüber etwaigen Angriffen gegeben.

Diese Entwicklung nach dem Scheitern der EVG-Verhandlungen vollzog sich überraschend schnell. Neun Monate nur lagen zwischen dem enttäuschenden Ende des von vielen Hoffnungen getragenen Bemühens der beteiligten europäischen Länder, eine solide Basis für ein vereinigtes Europa zu legen und der Aufnahme der Bundesrepublik in WEU und NATO. Sicher hat die Verhandlungstaktik des damaligen Bundeskanzlers Dr. Konrad Adenauer viel zu diesem ungewöhnlichen Erfolg beigetragen. Es waren aber auch gewichtige sicherheitspolitische Gründe, die die damaligen westlichen Verbündeten zu raschem Handeln veranlaßten.

In Auswirkung der mit Unterzeichnung des NATO-Vertrages übernommenen Verpflichtungen waren zwar in verhältnismäßig kurzer Zeit eine arbeitsfähige militärische Führungsorganisation geschaffen und erste NATO-Einsatzverbände, insbesondere im atlantischen Raum, aufgestellt worden.

Die Bereitstellung effektiver Streitkräfte zur Errichtung einer geschlossenen Verteidigungslinie im europäischen Bereich bereitete aber gewisse Schwierigkeiten, deren Ursache nicht zuletzt in der Nicht-Beteiligung der Bundesrepublik zu sehen war. Sie führten dazu, daß die Möglichkeit eines deutschen Verteidigungsbeitrages bereits während der Zusammenkunft des NATO-Rates im September 1955 erstmalig erörtert wurde. Im Verlauf dieser Konferenz stimmten die beteiligten Nationen überein, daß die später viel diskutierte „Vorwärtsstrategie“, d. h. eine Verteidigung in möglichst vorwärtiger Linie, als wirkungsvollste strategische Konzeption der NATO-Streitkräfte anzusehen und als Grundlage der NATO-Verteidigungsanstrengungen anzustreben sei. Da die Planung einer wirksamen Vorwärtsstrategie naturgemäß den mitteleuropäischen Raum einschließen mußte, ergab sich die Notwendigkeit zur Einbeziehung von Streitkräften der Bundesrepublik zwangsläufig.

Im WEU-Vertrag hat die Bundesrepublik freiwillig auf atomare, biologische und chemische Waffen verzichtet. Außerdem unterwarf sie sich gewissen Beschränkungen, die sich auf die Höchststärken der Streitkräfte sowie die Herstellung und Verwendung bestimmten Rüstungsmaterials beziehen. Diese Rüstungsbeschränkungen kann die WEU auf Antrag des NATO-Oberbefehlshabers Europa aufheben, ein langwieriges, heute kaum noch verständliches Verfahren, das in den vergangenen Jahren mehrfach Anwendung gefunden hat.

Bezüglich des Umfangs ihrer NATO-Seestreitkräfte ist die Bundesrepublik an die im Sonderabkommen zum EVG-Vertrag festgelegten Stärken oder eine gleichwertige Kampfkraft gebunden. Allgemein wurde vereinbart, daß die Stärken der Seestreitkräfte der Vertragspartner im Zuge der sogenannten „NATO-Jahreserhebungen" unter Zugrundelegung der Empfehlungen der zuständigen militärischen NATO-Stellen festgelegt werden sollten. Nationale Verbände, die neben den der NATO zur Verfügung zu stellenden Streitkräften benötigt wurden, waren entsprechend den Erfordernissen der Mitgliedsstaaten durch Abkommen der WEU-Vertragspartner festzulegen. Unter den Verzicht auf die Herstellung bestimmter Waffen und Fahrzeuge fielen u. a. auch der Bau von Kriegsschiffen mit mehr als 3000 ts und von U-Booten mit mehr als 350 ts Wasserverdrängung.

Anfang 1961 hob die WEU angesichts der inzwischen eingetretenen sicherheitspolitischen und technischen Veränderungen jedoch die einschneidenden Beschränkungen weitgehend auf. Acht Zerstörerneubauten durften bis zu 6000 ts Wasserverdrängung aufweisen, Hilfsschiffe bis zu 6000 ts, außerdem wurde die Entwicklung von Fernzündungsminen gestattet.

Diese technischen Daten entsprechen der Aufgabenstellung. Nach den Leitlinien der militärischen Organisation und Kommandostruktur der Allianz sind die Verantwortlichkeiten der einzelnen NATO-Partner regional aufgeteilt. Die Verteidigung des nordatlantischen Seegebietes bleibt danach Aufgabe der großen westlichen Seemächte, die über ausreichend starke Seestreitkräfte verfügen. Dazu die entsprechende Luftwaffenkomponente. Daß die Bundesmarine an einem großräumigen atlantischen Konflikt keinen Anteil haben wird, liegt auf der Hand.

Den nationalen Führungskommandos der Bundesmarine obliegen die personelle und materielle Versorgung der Seestreitkräfte, die Sicherstellung und Aufrechterhaltung ihrer Einsatzbereitschaft sowie die der Stützpunkte und die Teilnahme an den Verteidigungsmaßnahmen im Küstengebiet.

Petersberg-Gespräche

Nach Schaffung der politischen Voraussetzungen für die Aufstellung deutscher Streitkräfte war es einer kleinen Schar ehemaliger Offiziere in die Hand gegeben, das Fundament für die Verwirklichung der militärpolitischen Zusagen durch die Bundesregierung zu schaffen. Die „Himmeroder Denkschrift" war hierfür richtungsweisend. Man ging davon aus, daß die künftigen deutschen Streitkräfte etwa 250 000 Mann umfassen sollten. In ihrem Rahmen hätte die Marine die Küstenvorfeldsicherung zu übernehmen. Diese ersten Expertenvorschläge dienten als Basis für die nachfolgenden Gesprächsrunden auf dem Petersberg, der Residenz der drei westlichen Hohen Kommissare. Nach alliierter Auffassung, die im sogenannten „Accord Spécial" festgelegt wurde, sollte die Bundesmarine u. a. 60 Minensuchboote, 18 Geleitboote, 60 Schnellboote und 36 Landungsboote umfassen.

Was aber war damals in Bonn geschehen, um einen baldigen Beitrag der Bundesrepublik zu einem westlichen Verteidigungssystem zu ermöglichen, sollte er auf politischer Ebene beschlossen werden?

Ende 1949 nahmen die amtierenden „Hohen Kommissare" der drei westdeutschen Besatzungszonen mit dem damaligen Bundeskanzler, Dr. Konrad Adenauer, Verbindung auf, um die Möglichkeiten eines deutschen Verteidigungsbeitrages zu erörtern und gewisse erste Richtlinien festzulegen. Im Verfolg dieser Gespräche wurde General a. D. Graf Schwerin als Sachverständiger für Sicherheitsfragen in das Bundeskanzleramt berufen. Die ersten Vorarbeiten führten zu den Vorschlägen der sogenannten „Himmeroder Denkschrift", genannt nach einer im Oktober 1950 einberufenen Expertenkonferenz im Eifelkloster Himmerod, in der die Marine u. a. durch ihren späteren ersten Inspekteur, Vizeadmiral Ruge, vertreten wurde.

Die hier erarbeiteten Pläne legten Umfang und Struktur künftiger deutscher Streitkräfte im Rahmen einer Bündnisarmee fest, wie sie sich später weitgehend verwirklichten. Zwölf Heeresdivisionen in einer Gesamtstärke von 250.000 Mann, eine Luftwaffe mit den wesentlichen Aufgaben der Unterstützung der Heeresverbände und der Luftverteidigung sowie eine Marine mit vorwiegend schwimmenden Einheiten zur Küstenvorfeldverteidigung und Marine-Luftstreitkräften entsprachen diesen ersten Vorstellungen eines deutschen Wehrbeitrages. Eine allgemeine Wehrpflicht sollte Grundlage des abschnittsweisen Aufbaus und die später oft umstrittene sogenannte „Innere Führung" Grundlage von Erziehung und Ausbildung der Bundeswehr sein.

Diese ersten Expertenvorschläge wurden auch in die „Petersberggespräche" einbezogen, in denen die drei Hohen Kommissare auf dem Petersberg, im Siebengebirge bei Bonn gelegen, Verhandlungen führten. Ihr gehörten auf deutscher Seite neben Kanzler Adenauer und seinem späteren Beauftragten für Verteidigungsplanung, Theodor Blank, auch die ehemaligen Generale Adolf Heusinger und Dr. Hans Speidel an. Marineprobleme wurden im Detail hier nicht behandelt,sondern blieben späteren Experten-Verhandlungen vorbehalten.

In den Petersberg-Gesprächen entwickelten sich insbesondere erste Vorstellungen über die bereits erwähnte Europäische Verteidigungsgemeinschaft (EVG), der sechs gleichberechtigte europäische Partner angehören sollten.

Im Dezember 1950 begannen dann in Bonn mit einer kleinen Gruppe von etwa 20 Mitarbeitern intensive Vorarbeiten für einen deutschen Verteidigungsbeitrag in der sogenannten „Dienststelle

Blank", offizielle Bezeichnung „Der Beauftragte des Bundeskanzlers für die mit der Vermehrung der alliierten Truppen zusammenhängenden Fragen". Untergebracht in der 70 Jahre alten ehemaligen Husaren-Kaserne, einem massiven Backsteinbau, in dem auch das Bundespresseamt einquartiert war.

Ende 1951 verzeichnete die Dienststelle Blank 140 Mitarbeiter. Im Juli 1951 wurde Fregattenkapitän a. D. Karl-Adolf Zenker (später zweiter Inspekteur der Marine als Nachfolger von Vizeadmiral Ruge) als „Hilfsreferent für Küstenschutz" in die Dienststelle Blank berufen, um die auf dem Petersberg vereinbarten Marine-Experten-Verhandlungen einzuleiten.

Parallel dazu bearbeitete seit 1949 in amerikanischem Auftrag das „Naval Historical Team", dem die ehemaligen Admirale Schniewind, Ruge, Wagner und Heye sowie zeitweilig Konteradmiral a. D. Godt und Oberst der Luftwaffe a. D. Gaul angehörten, in Bremerhaven eine „Maritime Auswertung der Erfahrungen des 2. Weltkrieges" und, nach der Konferenz von Himmerod, auch maritime Probleme einer deutschen Wiederbewaffnung. Eine umfassende Denkschrift von Konteradmiral a. D. Gerhard Wagner, die in dieser Zeit entstand, konnte den Verhandlungen über einen deutschen Marinebeitrag zu den geplanten EVG-Streitkräften und, nach dem Scheitern der EVG-Verhandlungen, zu den deutschen NATO-Verbänden weitgehend zu Grunde gelegt werden.

Die Mitarbeiter waren Angestellte des Öffentlichen Dienstes, oder arbeiteten auf Gutachterbasis. Unter ihnen wurde die kleine Marinegruppe um Fregattenkapitän a. D. Zenker bis zum Frühjahr 1952 auf insgesamt 15 ehemalige Marineoffiziere erweitert. Sie bildeten für längere Zeit den Kern der Marineplanung, die allmählich klarere Gestalt annahm.

Nach Unterzeichnung des EVG-Vertrages durch die Regierungen der sechs Partnerstaaten am 27. Mai 1952 erhielt ein Teil dieser Gruppe unter Leitung von Kapitän zur See a. D. Heinrich Gerlach (späterer Flottenchef), im Juni 1952 mit der deutschen Delegation bei dem „Interimsausschuß" der EVG ihren ständigen Dienstsitz in Paris, um sich dort an der Festlegung des integrierten Rahmens der geplanten EVG-Streitkräfte zu beteiligen. Deutscher militärischer Chefdelegierter in Paris wurde General a. D. Dr. Hans Speidel, der sich damals und auch während seiner späteren Amtstätigkeit große Verdienste um die Bundesmarine erwarb.

Verhandlungen über eine „Europäische Marine" in Paris hatten bereits im Oktober 1951 begonnen. Erste Vorstellungen hatten sich darauf beschränkt, für die Wahrnehmung gemeinsamer europäischer Marineaufgaben lediglich Hafennetzsperren und Küstenbatterien vorzusehen, offenbar in der abwegigen Annahme, daß alle Aufgaben, die von schwimmenden Einheiten und Marineflugzeugen zu erfüllen wären, den national verbleibenden Seestreitkräften vorbehalten bleiben sollten. Derartige Ideen, die den tatsächlichen Erfordernissen der Bundesrepublik in keiner Weise entsprachen, konnten jedoch dank der überzeugenden Argumente der deutschen Marine-Vertreter und der wachsenden Einsicht aller Beteiligten bald korrigiert werden.

So ergab sich als deutscher Beitrag für die erste Welle der europäischen Seestreitkräfte schließlich ein Kontingent, das in dem sogenannten „Accord Spécial“ festgelegt wurde und folgendermaßen aussah:

Schwimmende Einheiten:

60 Minensuchboote (24 Typ M, 36 Typ R); dazu 85 Reserveboote
18 Geleitboote (M-Boots-Größe)
60 Schnellboote
2 Minenleger
10 Hafenschutzboote
40 Hafenschutzboote (Reserve)
36 Landungsboote (Typ LCT)

Marineflieger:

24 Aufklärungsflugzeuge
30 Hubschrauber

Landeinheiten:

5000 Mann, davon 2000 Reserve
1 Küstenartillerie-Regiment, davon 3/5 Reserve

Personalstärke:

11 442 Mann und 12 092 Reservisten,die zu 50 % zeitweilig für Ausbildungszwecke im Dienst sein durften.

Erste Aufbauphase

Konzeption und Stärke künftiger deutscher Seestreitkräfte bestimmten die intensiven Verhandlungen zwischen den Alliierten, der deutschen politischen Führung und ihren Militärberatern in den 50er Jahren. Dabei ergaben sich gewichtige Veränderungen gegenüber den Planungen des „Acord Spécial". Während sich diese Beratungen an marinepolitischen Größenordnungen der Zeit orientierten, hatte die maritime Expertengruppe ihre Arbeit unter allen Vorzeichen der Improvisation aufzunehmen. Immerhin gelang es, den Rahmen zu zimmern. Dabei spielte die Übernahme von Personal und Material des Bundesgrenzschutzes/See eine hervorragende Rolle.

Deutsche Zerstörer und U-Boote waren in dieser Planung nicht vorgesehen. Man glaubte damals auf sie verzichten zu können, weil der Auftrag für das deutsche Marinekontingent der EVG im wesentlichen auf eine Küstenverteidigung in Ost- und Nordsee, Sicherung von küstennahen Seewegen, Häfen, und Flußmündungen beschränkt blieb. Und solchem Auftrag schienen die realtiv bescheidenen Typen und Stärken des „Accord Spécial" angemessen. Erst der Beitritt der Bundesrepublik zur NATO ergab mit einem erweiterten Aufgabenbereich die Voraussetzungen für eine Einbeziehung auch von Zerstörern und U-Booten in die deutsche Marine.

Die Aufgaben, die von der Marine im Rahmen eines Konzepts der strategischen Defensive der NATO übernommen werden sollten, schlossen die Verteidigung eines Seebereichs weit außerhalb der norddeutschen Küsten ein und waren damit Grundlage für neue Planungsüberlegungen, gemeinsam mit den nunmehrigen NATO-Partnern. Dem Grundsatz der Vorwärtsstrategie entsprechend, war das gesamte Gebiet der freien Ostsee, das heißt der Seeraum außerhalb der Hoheitsgrenzen der Anliegerstaaten, ebenso in die Überlegungen einzubeziehen wie auch die Gewässer der nördlichen Nordsee, soweit sie nicht in die Zuständigkeit der NATO-Oberbefehlshaber Atlantik und Ärmelkanal fielen. Diese organisatorisch festgelegten Seegrenzen waren außerdem in der Praxis als fließend anzusehen, da Seestreitkräfte, größere Einheiten nahezu unabhängig von schlechten Wetterbedingungen, von Natur aus sehr beweglich sind und in kurzer Zeit auch über große Entfernungen verlegt werden können. Schließlich war nach Lage der Dinge davon auszugehen, daß, zumindest in einer ersten Verteidigungsphase, schwimmende Einheiten für Abwehraktionen nur von der deutschen und dänischen Marine eingesetzt werden könnten, da die sonstigen Seestreitkräfte der NATO-Partner auf Grund des Prinzips der Aufgabenteilung anderweitig gebunden waren.

Schiffe über Zerstörergröße waren nach diesem neuen Konzept für die bundesdeutsche Marine ebensowenig vorgesehen wie U-Boote über 350 ts Größe. Die U-Boote sollten so ausgelegt sein, daß sie sich besonders für Operationen in küstennahen Gewässern eigneten. Möglichst alle Schiffs- und Bootstypen sollten Minen tragen können. Auch sollte der Marine neben den im „Accord Spécial" vorgesehenen Aufklärungsflugzeugen eine angemessene Zahl von Flugzeugen zur Verfügung stehen, die mit Bomben und Raketen zur Unterstützung der schwimmenden Einheiten auszurüsten waren. Eine „schwimmende Versorgung" sollte die Seestreitkräfte weitgehend von landfesten Stützpunkten unabhängig machen und „ausgewogene Flotte" abrunden.

Eingeleitet wurden diese Entwicklungen nach dem Beitritt der Bundesrepublik zur NATO im Juli 1955 durch ein Schreiben des Chefs des Stabes des NATO-Oberbefehlshabers Europa, US-General Schuyler vom 6. Juli 1955 an den deutschen militärischen Chefdelegierten, General Dr. Speidel, in dem die Aufgaben und auch erste Zahlenvorstellungen für einen künftigen deutschen Flottenbeitrag im Rahmen der NATO-Organisation fixiert waren. Zur Erfüllung der von der NATO gestellten Aufgaben sollte sich der Beitrag der deutschen Seestreitkräfte in einem Rahmen halten, der in Umfang und Kampfkraft etwa denen entsprach, wie sie im EVG-Vertragskonzept vorgesehen waren.

Verhältnismäßig bald hiernach stellte sich heraus, daß es in der Praxis kaum möglich war, die zu konzipierenden deutschen Seestreitkräfte und das erforderliche Marinepersonal mit den seiner Zeit im „Accord Spécial“ festgelegten Typen und Stärken in Einklang zu bringen. Wie sollte man beispielsweise die Kampfkraft von U-Booten gegenüber der Kampfkraft von Küstengeleitbooten, Minensuchbooten usw. abwägen, von einem Vergleich der beiden in Frage stehenden Gesamtkontingente ganz abgesehen. Aus diesem Dilemma halfen letztlich erst intensive Verhandlungen mit den WEU-Partnern, in denen um zum Teil sehr unterschiedliche Auffassungen gerungen wurde. Schließlich führten die Verhandlungen aber doch zu befriedigendem Erfolg.

Gegenüber den Planungen des „Accord Spécial“ ergaben sich hiernach beträchtliche Veränderungen, wobei in dem neuen Konzept folgende Zahlen und Typen für den deutschen NATO-Beitrag geplant werden sollten:

12 Zerstörer	2 Minenschiffe
6 Geleitboote (Geleitzerstörer)	12 U-Boote (350 ts)
40 Schnellboote	36 Landungsfahrzeuge
24 Küstenminensuchboote	10 Hafenschutzboote
30 Schnelle Minenräumboote	58 Frontflugzeuge

Die sich aus diesem Beitrag ergebenden Personalstärken sollten später ermittelt werden.

Die Bereitstellung dieser Streitkräfte fand im wesentlichen auch die Zustimmung des Verteidigungsausschusses des Bundestages. Es sollten vorerst jedoch nur acht Zerstörer vorgesehen werden.

Die Marine-Gruppe, die seit 1951 in der „Dienststelle Blank“ und später in dem heranwachsenden Bundesministerium der Verteidigung die fachlichen und planerischen Vorarbeiten für diese Entwicklung leistete, wurde im Juli 1955 auf eine Gesamtstärke von 393 (einschl. Beamte, technische Angestellte und

Schreibkräfte) gebracht. Sie hatte auch weiterhin alle Hände voll zu tun, um – neben den zahlenmäßig weit umfangreicheren Planungsgruppen des militärischen Koordinierungsstabes der Streitkräfte sowie des Heeres und der Luftwaffe – ihre Aufgaben zu erfüllen, zumal angesichts der raschen Entwicklung häufig kurzfristige Termine einzuhalten waren. Dabei waren die äußeren Arbeitsbedingungen innerhalb der Dienststelle und insbesondere für die Marine keineswegs ideal. Kleinste Büroräume mußten bis zu vier Personen aufnehmen. So führte beispielsweise die überraschende Rückkehr der deutschen Delegation vom Pariser Interimsausschuß nach Scheitern des EVG-Projekts im Sommer 1954, zu großen Unterbringungsschwierigkeiten, die nur durch Improvisation und einsichtiges Verhalten aller Beteiligten erträglich blieben.

Die Gruppe Marine war als kleinste geschlossene Einheit hierbei wie auch bei der folgenden raschen Ausweitung der Dienststelle zum Verteidigungsministerium am empfindlichsten betroffen. Selbst den damals unmittelbar Beteiligten dürfte es heute nicht leicht fallen zu entscheiden, ob die Bundesmarine ihre ersten zaghaften „Gehversuche" in der Bonner Ermekeilstraße, in einer später niedergebrannten Baracke in der Bad Godesberger Rüngsdorfer Straße, am Godesberger Hochkreuz, am Salierring in Köln-Süd oder auf der Bonner Hardthöhe getan habe. Dies waren nämlich die Stationen, die die Gruppe Marine – ab November 1955 selbständige Abteilung im Ministerium – in den Anfangsjahren, von 1954 bis 1956, zu durchlaufen hatte, um arbeitsfähig zu bleiben und die erste Aufbauphase der Bundesmarine einzuleiten.

Am 12. November 1955 – dem 200. Geburtstag von Scharnhorst – versammelten sich die ersten Soldaten und zivilen Mitarbeiter der neuen deutschen Streitkräfte, unter ihnen die Marinegruppe, in der ehemaligen Reitbahn der Bonner Ermelkeilkaserne zur Überreichung der Ernennungsurkunden. Bundesverteidigungsminister Theodor Blank konnte zum Teil langjährige Mitarbeiter, soeben zu Soldaten ernannt, erstmalig in ihren neuen, noch etwas unbeholfen anmutenden Uniformen begrüßen. Die rechtlichen Voraussetzungen hierfür hatte das Parlament geschaffen. Zugleich erhielt die „Dienststelle Blank" am 7. 6. 1955 den Rang des Bundesministeriums für Verteidigung. Sechs Jahre waren vergangen, seit Konrad Adenauer die historisch gewordenen Petersberg-Gespräche über einen deutschen Verteidigungsbeitrag mit den Hohen Kommissaren der Westmächte geführt hatte, sechs Jahre voller Erwartungen, Hoffnungen, Enttäuschungen.

Die Führungsspitzen

Nach dem „Tag von Andernach" (20. Januar 1956) begann die eigentliche Aufstellungsphase. Ausschlaggebend dafür war die Spitzengliederung, die Berufung namhafter Offiziere in führende Stellungen und die Beschaffung schwimmenden Gerätes. Dabei gelang es, wertvolles Schiffsmaterial in Großbritannien, Frankreich und später auch von den USA zu erwerben.

Schon am 1. April 1957 konnten zwei Minensuchgeschwader der NATO unterstellt werden.

Die Vorbereitungen zur Aufstellung der ersten Einheiten der Streitkräfte liefen von nun an auf vollen Touren, denn Anfang Januar 1956 sollten die ersten Soldaten eintreffen. Erste Marineeinheit war die Marine-Lehrkompanie, die in der rasch hergerichteten Ebkeriege-Kaserne in Wilhelmshaven eine ebenso geeignete wie zufriedenstellende Unterkunft fand. Daß es damals gelang, die Einweisung und Ausbildung der ersten Soldaten trotz zahlreicher Hemmnisse planmäßig zu absolvieren und damit die Grundlage für die nachfolgenden Aufstellungsvorhaben zu legen, zeichnet die Beteiligten besonders aus. Man kann sich heute, 20 Jahre danach, nur noch schwer vorstellen, wieviel Anpassungsvermögen und Übernahme eigener Verantwortung an Ort und Stelle dazu gehörten, hier zu einem Erfolg zu kommen. Improvisation wurde groß geschrieben.

Der weitere personelle Aufbau kam dann sogar schneller voran, als es in der Planung vorgesehen war. Das Fundament für die ersten Schritte bildeten Personal und Bootspark des Bundesgrenzschutzes/See. Er besaß zwar nur einen kleinen Verband seegehender Fahrzeuge, konnte jedoch wichtige Ausbildungsaufgaben übernehmen. Am 21. November 1951 hatte er mit dem Schul-Segelboot „Nordwind" sein erstes Boot übernommen. Anfang 1953 wurde die erste Flottille in Neustadt aufgestellt. Am 1. Juli 1954 setzte sich der Grenzschutz/See aus folgenden Einheiten zusammen:

I. Seegrenzschutzverband Neustadt mit der 1. und 2. Flottille sowie dem Begleitschiff „Eider".

II. Seegrenzschutzverband Kiel-Wik mit der 3. und 4. Flottille sowie dem Begleitschiff „Trave". Die Instandsetzungs- und Ausrüstungsstelle war ebenfalls in Kiel-Wik untergebracht. Dazu der Tanker „Eutin" und der Schlepper „Plön". Die BGS-Stammabteilung lag in Cuxhaven, dazu die Schulboote „W 19", „Nordwind" und „Falke".

Am 20. Januar 1956 wurden in Andernach am Rhein angetretene Abordnungen von Heer, Marine und Luftwaffe von Bundeskanzler Adenauer begrüßt, der in einer Ansprache auf die künftigen Pflichten und Aufgaben der deutschen Streitkräfte innerhalb des NATO-Bündnisses hinwies. Zum ersten Mal hatten sich hier Einheiten der drei Teilstreitkräfte zusammengefunden. Die Bundeswehr war, wenn auch vorerst in bescheidenen Anfängen, Realität geworden. Offiziell wurde die Bezeichnung „Bundeswehr" übrigens erst am 1. April 1957, bei Inkrafttreten des Soldatengesetzes, eingeführt.

Die Führung der Marine lag, ebenso wie die der beiden anderen Teilstreitkräfte, im Bundesministerium der Verteidigung. Neben den zivilen Abteilungen rangierten die vier militärischen Abteilungen – Streitkräfte, Heer, Marine und Luftwaffe – auf gleicher Ebene. Die vier militärischen Abteilungsleiter der Streitkräfte, am 1. Juli 1957 zum Generalinspekteur und zu Inspekteuren ernannt, hatten mit ihren Führungsstäben neben ihren militärischen Führungsaufgaben ministerielle Aufgaben wahrzunehmen, soweit sie in ihrem Zuständigkeitsbereich lagen. Letztere waren in den Aufbaujahren überaus umfangreich und sind es noch heute in etwa gleichem Maße, wenn auch anderer Art. Insbesondere waren die Inspekteure dem Verteidigungsminister für die Herstellung und Erhaltung der Einsatzbereitschaft ihrer Streitkräfte verantwortlich. Disziplinargewalt gegenüber ihren Streitkräften hatten sie damals noch nicht. Sie war auf die nachgeordnete Führungsebene verlagert, die der Korpskommandeure und des Flottenchefs, eine nicht sehr glückliche Regelung, die erst im Jahre 1970 geändert wurde.

Als erster Abteilungsleiter Marine wurde am 1. März 1956 Vizeadmiral Friedrich Ruge, zu seinem Stellvertreter Konteradmiral Gerhard Wagner berufen. Beide waren ausgezeichnete Offiziere wie auch der erste Flottenchef der Bundesmarine, Konteradmiral Rolf Johannesson, der Kommandeur des Kommandos der Flottenbasis, Flottillenadmiral Max-Eckart Wolff, und der Kommandeur des Kommandos der Marineausbildung, Flottillenadmiral Adalbert von Blanc. Flottillenadmiral Heinrich Gerlach und Kapitän zur See Karl-Adolf Zenker, die sich bei den Vorbereitungen für die Aufstellung der Bundesmarine große Verdienste erworben hatten, wurden in leitenden Stellungen im Führungsstab der Marine eingesetzt. Auf diese Weise war ein reibungsloser Übergang zu der neuen Führungsspitze in idealer Weise erreicht.

Erster Leiter der Abteilung Streitkräfte im Bundesministerium der Verteidigung, die für die Koordinierung gemeinsamer Fragen der Bundeswehr, insbesondere auf den Gebieten der Führung, Planung, Ausbildung, Organisation und Militärpolitik zuständig war, und damit ranghöchster Soldat der Bundeswehr wurde General a. D. Adolf Heusinger, während General Dr. Hans Speidel als dienstältester deutscher Soldat im NATO-Bereich als erster deutscher Oberbefehlshaber der Alliierten Landstreitkräfte Mitteleuropa in Fontainebleau (Frankreich) nominiert wurde. Mit der Berufung dieser beiden im In- und Ausland weithin angesehenen Generale, bei denen von Anfang an die Verantwortung für die Vorarbeiten zur Gründung der Bundeswehr gelegen hatte, fanden ihre Leistungen sichtbare Würdigung.

Aus den ersten Marinekadern entwickelte sich dank der sorgfältigen Vorarbeiten rasch eine brauchbare Organisation.

Mit Übernahme des Bundesgrenzschutzes See (fast 700 Offiziere, Unteroffiziere und Mannschaften) vom Ressort des Bundesministeriums des Innern, der aus dem Deutschen Minenräumdienst unter britischer Kontrolle hervorgegangen war, konnte am 1. Juli 1956 ein großer Schritt vorwärts getan werden. Aus dem Bremerhavener Minensuchverband, der sogenannten „Labor Service Unit" unter amerikanischer Kontrolle, wurde eine Anzahl Minensuch- und Minenräumboote der ehemaligen deutschen Kriegsmarine mit ihren deutschen Besatzungen übernommen. Die französsche Marine gab ebenfalls einige Minensuchboote zurück. Die britische Marine steuerte fünf ihrer bei der Lürssen-Werft in Bremen-Vegesack gebauten Nachkriegsschnellboote des letzten deutschen Kriegsmarine-Typs bei; außerdem wurden 7 britische Fregatten der Black Swan- und Hunt-Klasse angekauft, die sich – trotz ihres Alters – als Schulboote ausgezeichnet bewährten. Die US-Navy stellte auf Leihbasis sechs Zerstörer der „Fletcher"-Klasse zur Verfügung, die bereits im 2. Weltkrieg im Einsatz gewesen waren. Sie erwiesen sich auf viele Jahre hinaus noch als zuverlässige Schiffe; von ihnen sind Z2, Z3, Z4 noch heute im aktiven Dienst. Sechs von den USA angekaufte Landungsboote kamen hinzu. Außerdem zwei bei Kriegsende versenkte, wieder gehobene, kleine deutsche U-Boote der Klasse XXIII. Im Rückblick mögen vielen die Schiffe, Boote und auch einige Flugzeuge, die damals den Kern unserer Flotte und Ausbildungseinheiten bildeten, als hoffnungslos veraltet erscheinen. Sie waren es auch weitgehend. Sie waren aber auch wertvolle Starthilfen für das erste Stadium des Aufbaus der Marine, da nur auf diesem Wege praktische Ausbildung und das Sammeln erster eigener Erfahrungen nach mehr als 10-jähriger Pause in die Wege geleitet werden konnten. Die erzielten Ergebnisse waren, auch im Vergleich mit anderen Marinen, überraschend gut, so daß bereits am 1. April 1957 mit zwei Minensuchgeschwadern die ersten einsatzklaren deutschen Flotteneinheiten der NATO unterstellt werden konnten.

Übrigens firmierte das heutige Flottenkommando anfangs unter der Bezeichnung „Kommando der Seestreitkräfte". Sie wurde 1959 geändert. In der Planungsphase hatte man im Verteidigungsministerium sogar ernstlich erwogen, die maritime Teilstreitkraft der späteren Bundeswehr nicht „Marine" sondern „Seestreitkräfte" zu nennen, eine allen Marineexperten unverständliche Vorstellung. Vizeadmiral Zenker, seiner Zeit Verantwortlicher für die Marineplanung, wehrte sich entschieden hiergegen und setzte die traditionelle und international übliche Bezeichnung „Marine" schließlich gegen erheblichen Widerstand durch.

Der erste Schiffbauplan

Während noch Übernahme und Modernisierung der vom Ausland beschafften Einheiten im Gange waren, lief der erste Schiffbauplan nach Billigung durch den Bundestag Anfang 1956 an. Im Gegensatz zu dem früheren Verfahren bestimmte die Ausschreibungspraxis den Weg der Neubauten. Den Kern des ersten Programmes sollten acht Zerstörer, sechs Geleitboote und 30 Schnellboote bilden. Die Gesamtkosten beliefen sich auf 2,8 Mrd. DM. Bei der Unterbringung der Neubauaufträge waren keineswegs alle deutschen Werften bereit, Orders anzunehmen. Die bösen Erfahrungen nach 1945 waren dafür wohl ausschlaggebend.

Parallel zu den Beschaffungen von Schiffen, Booten und Flugzeugen im In- und Ausland konnte der erste Schiffbauplan der Marine anlaufen, nachdem der Bundestag Anfang 1956 den im Verteidigungsministerium ausgearbeiteten detaillierten Plan genehmigt hatte und damit die Geldmittel für die ersten Bauraten freigegeben waren.

Außer den Einsatzfahrzeugen, die für den deutschen NATO-Beitrag vorgesehen waren, sah der Schiffbauplan, dem im Haushaltsplan noch ein zweiter Teil folgte, eine größere Anzahl von Begleitschiffen (Tendern) für die kleineren Boote vor (Schnellboote, Schnelle Minenräumboote und U-Boote), um an Bord nicht ausreichend vorhandene Unterbringungsmöglichkeiten für die Besatzungen und Lagerräume für Ersatzteile, Werkstätten usw. auch außerhalb der Heimathäfen zur Verfügung zu stellen. Schließlich waren die für den Betrieb einer Flotte unerläßlichen Hilfsfahrzeuge wie Tanker und Schlepper zu beschaffen.

Insgesamt enthielt der Schiffbauplan folgende Einheiten, deren Bau, soweit vom Parlament genehmigt, nunmehr anlaufen konnte:

Schiffs-/Bootstyp	Haushaltsplan 1955	1957	Insgesamt
Einsatzfahrzeuge:			
Zerstörer	8	4	12
Geleitboote (Geleitzerstörer)	6		6
Schnellboote	30	9	39[1]
Hochsee-Minensuchboote	6		6[2]
Küsten-Minensuchboote	18		18[2]
Schnelle Minensuchboote	30		30
Minenschiffe		2	2
U-Boote		12	12
Landungsboote		12	12
Hafenschutzboote	2	8	10
Begleit- und Hilfsfahrzeuge:			
Begleitschiffe	11	2[3]	13
Tanker (mittelgroß)		4	4
Tanker (klein)	9		9
Bergungsschlepper		2	2
Hafenschlepper (groß)		4	4
Sonstige Schlepper	16		16
Torpedofangboote		6	6

Anmerkungen:

[1]) später erhöht auf 40 Boote

[2]) tatsächlich gebaut wurden 24 Küstenminensuchboote (NATO-Einheitstyp)

[3]) Begleitschiffe für U-Boote

Zu den Neubauten des Schiffbauplans, dessen zweiter Teil übrigens später nicht unbeträchtlich geändert wurde, kamen für Ausbildungszwecke noch das Schulschiff „Deutschland“ und das Segelschulschiff „Gorch Fock“, zwei besonders populär gewordene, interessante Einheiten hinzu.

Die Abwicklung des gesamten Schiffbauprogramms, mit einem Kostenaufwand von etwa 2,85 Milliarden Mark, verlief nicht ohne Schwierigkeiten. Zunächst zeigte sich, daß keineswegs alle deutschen Werften bereit waren, sich an dem Neubau von Schiffen oder Booten für die Bundesmarine zu beteiligen, eine Einstellung, die aufgrund der Erfahrungen nach dem 2. Weltkrieg nicht überraschen konnte, wenn man sich an die totale Zerstörung der Hamburger Werft „Blohm & Voss“ mehrere Jahre nach dem Kriege durch die britische Besatzungsmacht erinnert. „Blohm & Voss“ hatte vor dem Kriege unter anderem das später berühmt gewordene Schlachtschiff „Bismarck“ gebaut. Für die Bundesmarine baute die Werft später das Segelschulschiff „Gorch Fock“ nach den noch vorhandenen Plänen der Vorkriegs-Schulschiffe „Gorch Fock“, „Horst Wessel“ und „Albert Leo Schlageter“. Den Neubau der ersten für den NATO-Beitrag bestimmten Schiffe und Boote übernahmen die Werften Stülcken, Hamburg (Zerstörer und Geleitboote), Lürssen, Bremen-Vegesack (Schnellboote), Burmester, Bremen-Burg (Küsten-Minensuchboote), Abeking & Rasmussen, Bremen-Lemwerder (Schnelle Minensuchboote). Sechs der 24 Küsten-Minensuchboote wurden bei der französischen Werft Constructions Méchaniques de Normandie, Felix Amiot, in Cherbourg in Auftrag gegeben, das Schulschiff „Deutschland“ bei der Nobiskrug-Werft, Rendsburg.

Parallel zu der Freigabe von Haushaltmitteln für den Erwerb und Neubau von Schiffen und Booten wurde auch der Beschaffung von Flugzeugen für die Marinefliegerverbände, die ausschließlich im Ausland erfolgte, von den zuständigen Ausschüssen des Bundestages zugestimmt. Die in der britischen „Royal Air Force“ geflogenen Einsatztypen „Seahawk“ (zweistrahliges leichtes Kampf- und Aufklärungsflugzeug) und „Gannet“ (kleiner U-Bootsjäger mit Doppelpropeller-Antrieb) wurden in Großbritannien eingekauft; die ersten Hubschrauber (Typ Sikorski S 58), die inzwischen als Seenot-Rettungsflugzeuge nahezu 20 Jahre lang ausgezeichnetes geleistet haben, in den USA.

National bildeten die drei Teilstreitkräfte Heer, Marine und Luftwaffe im Anfangsstadium dazu die sogenannte Territoriale Organisation, in der die Teilstreitkräfte anteilmäßig vertreten waren, die Bundeswehr. Sie unterstand – und untersteht nach wie vor – im Frieden dem Bundesminister der Verteidigung als ihrem Oberbefehlshaber. Im Kriegsfalle würde der Oberbefehl auf den Bundeskanzler übergehen – nicht also auf den Bundespräsidenten, wie oft irrtümlich angenommen wird. Dem Bundesminister der Verteidigung war ein beamteter Staatssekretär zugeordnet, der jedoch keine Kommandobefugnisse hatte, den Minister als Oberbefehlshaber also auch nicht vertreten konnte. Bei längerer Abwesenheit des Ministers wird die Kommandogewalt einem anderen Minister des Bundeskabinetts übertragen.

Die nächste Ebene im Verteidigungsministerium bildeten, in Anpassung an die anderen Ministerien, zunächst 11 umfangreiche „Abteilungen" mit nominell gleichen Verantwortlichkeiten und Befugnissen. Zu ihnen gehörten die militärischen Abteilungen Gesamtstreitkräfte, Heer, Marine und Luftwaffe, die in Ausübung ihrer vielfältigen Funktionen auf enge Zusammenarbeit mit den zivilen Abteilungen angewiesen waren. Diese auf den ersten Blick recht einfach und sinnvoll erscheinende Organisation des Ministeriums führte in der Folge vielfach zu Reibungen und Hemmnissen, die der gemeinsamen Sache nicht dienlich waren. Dort, wo ein guter persönlicher Kontakt der Verantwortlichen im militärischen und zivilen Bereich vorhanden war, ergaben sich keine unüberbrückbaren Schwierigkeiten. Fehlte dieser oder standen eigensüchtige Gesichtspunkte im Vordergrund, litten die Zusammenarbeit und damit das Ergebnis Schaden. Die Organisation der „gleichberechtigten Abteilungen" wurde daher in späteren Zeiten wiederholt geändert und in wesentlichen Punkten verbessert.

Mit seinen allmählich auf rund 5000 anwachsenden militärischen und zivilen Mitarbeitern wurde das Bundesverteidigungsministerium bei weitem das größte Bonner Ministerium, nicht ganz zu Unrecht hier und da als eine Art „Monstrum" bezeichnet. Dennoch gelang es jahrelangen Bemühungen der Verantwortlichen nicht, seinen Umfang zu verringern.

Die militärischen Abteilungsleiter, am 1. Juli 1957 zu Inspekteuren ernannt, hatten zwar keine Befugnisse bezüglich des operativen Einsatzes der Streitkräfte, für den vertragsgemäß die zuständigen NATO-Befehlshaber verantwortlich waren. Da diese Zuständigkeit jedoch nur in vorher vereinbarten und zeitlich festgelegten NATO-Übungen, zur Aufrechterhaltung der Verteidigungsbereitschaft der westlichen Allianz, ausgeübt wird (und im Verteidigungsfall ausgeübt würde), ergibt sich eine weitreichende Verantwortung der Inspekteure und ihrer Führungsstäbe für die Streitkräfte nahezu unbegrenzt. Für die Teilstreitkraft Marine beinhaltet diese vor allem die Herstellung und Aufrechterhaltung der Einsatzbereitschaft der der NATO zur Verfügung zu stellenden – zu „assignierenden", wie es in der offiziellen Terminologie heißt – schwimmenden und fliegenden Verbände, die hierfür erforderliche Personalauswahl und Ausbildung auf Schulen, Schulfahrzeugen und Flotteneinheiten sowie die Bereitstellung, Unterhaltung und den Betrieb aller notwendigen Einrichtungen der Flottenbasis (Logistik) mit landgebundenen und schwimmenden Depots, Nachschubeinrichtungen und Werkstätten.

Das Organisationsgefüge

In Auswertung eines reichen Erfahrungsschatzes aus langjähriger Marinepraxis wollte man das Organisationsgefüge so rationell wie möglich gestalten. „Wasserköpfe“ sollten unter allen Umständen vermieden werden. Der fern der See in Bonn stationierte Führungsstab hatte es dabei nicht leicht, seine Vorstellungen zu realisieren. In der ersten Phase waren ihm drei höhere Kommandos unterstellt: Kommando der Seestreitkräfte, das erst ab 1959 die Bezeichnung Flottenkommando erhielt – das Kommando der Marineausbildung und das Kommando der Flottenbasis. Die deutschen Nordsee-Streitkräfte unterstanden dem alliierten Oberkommando Mittel-Europa, die Ostsee-Streitkräfte im Alarmfalle dem Oberkommando Nord-Europa. Erst Ende 1961 gelang es, diese umständlichen Befehlswege durch Schaffung des Kommandos „Alliierte Streitkräfte der Ostseezugänge“ abzubauen.

Die Organisation der Bundesmarine unterhalb der Ebene des Verteidigungsministeriums (Führungsstab der Marine) sah seiner Zeit die drei höheren Kommandos der Seestreitkräfte (ab 1959 Flottenkommando), der Marine-Ausbildung und der Flottenbasis vor, daneben ein Schiffserprobungskommando. Die Aufteilung der Aufgabengebiete auf diese drei höheren Kommandos bewährte sich in den Anfangsjahren, wurde jedoch später zum Teil, in Anpassung an die Organisation von Heer und Luftwaffe, wiederholt geändert.

Dem Befehlshaber der Flotte oblag anfänglich lediglich die truppendienstliche Führung der schwimmenden und fliegenden Verbände der Flotte über die Typkommandos und Geschwader (Zerstörer, Schnellboote, U-Boote, Minensuchboote, Marineflieger u. a.). Ferner unterstanden ihm die Befehlshaber der Nordsee (BSN) und der Ostsee (BSO), die jedoch bei NATO-Übungen und im Verteidigungsfall den für den Nord- und Ostseebereich zuständigen höheren NATO-Führungsstellen zur Verfügung standen, d. h. mit ihren zugeteilten Streitkräften (Geschwadern) in die NATO-Führungsorganisation eingegliedert wurden. Das Flottenkommando hatte Funktionen in der NATO-Führungsorganisation zunächst nicht. Diese unbefriedigende Regelung wurde im Dezember 1961 geändert, als die NATO-Organisation im Nord- und Ostseegebiet eine grundlegende Neuordnung erfuhr.

Dem Kommando der Marine-Ausbildung (ab 1962 „Zentrales Marinekommando") unterstanden, zum Teil über „Fachkommandos", die Ausbildungsabteilungen und Schulen der Marine, einschließlich der zugehörigen Schulschiffe und -boote. Schließlich war das Kommando der Flottenbasis für alle Fragen der logistischen Versorgung der Marine zuständig. Hierzu waren ihm die Marineabschnittskommandos Nordsee und Ostsee unterstellt, die in ihren Bereichen für die Stützpunkte der Flotte, Hafen- und Versorgungseinrichtungen der Marine, Material und Munition sowie Fernmeldeeinrichtungen an der Nord- und Ostseeküste verantwortlich waren, ferner eine Verbindungsstelle zum Bundesverkehrsministerium, Abteilung Seeverkehr, in Hamburg. Auf allen diesen Gebieten war in den Anfangsjahren umfangreiche Aufbauarbeit zu leisten, denn funktionsfähige Anlagen waren zu Beginn der Aufstellung der Bundeswehr kaum vorhanden. Von großem Wert waren daher in einigen Stützpunkten (wie Bremerhaven und Cuxhaven) die Einrichtungen, die bei Übernahme des Bremerhavener Minensuchverbandes von der amerikanischen Marine und des Bundesgrenzschutzes See vom Ressort des Bundesinnenministeriums von der Bundesmarine mit übernommen werden konnten.

Dem politischen NATO-Rat und dem ihm angegliederten Militärausschuß (ständiger Sitz heute in Brüssel), in denen die Mitgliedstaaten auf höchster Ebene vertreten sind, folgen in der Kommandokette mit den drei Oberkommandos Atlantik, Ärmelkanal und Europa zwei maritime Führungsstäbe und – mit dem Oberkommando Europa (SHAPE) – ein Führungsstab, dem NATO-Einheiten von Heer, Marine und Luftstreitkräften einsatzmäßig unterstehen. SHAPE wiederum, nach der zwangsweisen Verlegung von Frankreich jetzt in Casteau bei Mons (nahe Brüssel) beheimatet, sind zur Durchführung seiner militärischen Aufgaben die drei regionalen Oberkommandos Nordeuropa in Oslo, Mitteleuropa in Brunssum, Holland, nahe der deutschen Grenze bei Aachen gelegen, und Südeuropa in Neapel unterstellt.

Auf organisatorische Zusammenhänge der obersten militärischen NATO-Führung wird hier nicht im einzelnen eingegangen, da sie für das Verständnis des Rahmens, in dem sich die Bundesmarine bewegt, nicht erheblich sind. Erwähnt sei aber noch, daß nicht nur SHAPE sondern auch den regionalen Oberkommandos Nord- und Südeuropa NATO-Streitkräfte aller drei Waffengattungen in Übungen (und im Einsatzfall) zur Verfügung stehen und von ihnen operativ geführt werden. (Dem Oberkommando Mitteleuropa sind ständige Seestreitkräfte zur Zeit nicht zugeteilt). Auf diese Weise ist sichergestellt, daß die Operationen aller Streitkräfte in einem Einsatzgebiet koordiniert werden, so daß ein optimaler Wirkungsgrad der gemeinsamen Aktionen erreicht werden kann.

Während die NATO-assignierten deutschen Heeres- und Luftwaffenverbände zum Bereich Mitteleuropa gehören, sind alle Seestreitkräfte der Bundesmarine heute dem Oberkommando Nordeuropa zugeteilt. In den Anfangsjahren war das nicht so. Vornehmlich aus politischen Gründen hatte man eine recht komplizierte unterschiedliche Unterstellung der deutschen Nord- und Ostseestreitkräfte vorgesehen. Während die Nordseestreitkräfte (BSN) dem Oberkommando Mitteleuropa (Befehlshaber der Seestreitkräfte Mitteleuropa), seiner Zeit in Fontainebleau, Frankreich, unterstanden, traf dies für die Ostseestreitkräfte (BSO) nur „im Frieden“ zu. Von einer bestimmten „Alarmstufe“ an sollte der BSO dem Oberkommando Nordeuropa (Befehlshaber der Seestreitkräfte Nordeuropa) in Oslo unterstellt werden. Erst nach jahrelangen Verhandlungen mit den beteiligten Regierungen gelang es im Dezember 1961, diese unrationelle Unterstellung durch Schaffung des „Kommandos der Alliierten Streitkräfte der Ostseezugänge“ (COMBALTAP) in Karup (Dänemark), das dem NATO-Oberbefehlshaber Nordeuropa in Oslo unterstellt wurde, und dem ihm unterstellten „Kommando der

Alliierten Seestreitkräfte der Ostseezugänge"(COMNAVBALTAP) in Kiel-Holtenau befriedigend zu regeln. Der NATO-Seebefehlshaber der Ostseezugänge – COMNAVBALTAP ist Abkürzung der englischen Dienststellenbezeichnung **COM**MANDER ALLIED **NAV**AL FORCES **BALT**IC **AP**PROACHES – ist entweder ein deutscher oder ein dänischer Admiral. Er ist in NATO-Übungen und im Verteidigungsfall für den operativen Einsatz aller deutschen und dänischen Seestreitkräfte über die beiden Flottenchefs in ihrer NATO-Eigenschaft verantwortlich. Diese Organisation, seit 1965 in vollem Umfang in Kraft, hat sich gut bewährt und besteht heute noch unverändert.

Präsenz in See

Der Oberste Alliierte Befehlshaber in Europa übertrug der Bundesmarine klar formulierte Aufträge. Sie lauteten auf einen Nenner gebracht: Im Frieden die Präsenz in See wahrzunehmen, die Überwachung des potentiellen Gegners sicherzustellen sowie die Rechte der Bundesrepublik auf hoher See zu wahren. In Spannungszeiten sollten sie erweiterte Aufklärung betreiben, den Schutz der deutschen und verbündeten Handelsschiffahrt vor Übergriffen sicherstellen. Außerdem oblag es ihr, an politisch gesteuerten Gegenmaßnahmen teilzunehmen.

Die Frage, ob für die Bundesmarine ZERSTÖRER erforderlich seien, ist in der Bundeswehr und in der Öffentlichkeit immer wieder diskutiert worden, seit ihr im Juli 1955, mit Aufnahme der Bundesrepublik in die NATO, Aufgaben übertragen wurden, zu deren Erfüllung NATO und WEU, in Übereinstimmung mit den Vorstellungen der deutschen Experten, die Bereitstellung einer Anzahl von Zerstörern für angemessen und notwendig hielten. Schließlich setzte sich diese Auffassung bei allen maßgebenden Stellen durch, insbesondere auch in dem zuständigen Verteidigungsausschuß des Bundestages, dessen Zustimmung für die Bewilligung von Haushaltsmitteln für größere Planungsvorhaben eingeholt werden muß. Es ging dabei um die Kenntnisnahme einzelner Bauvorhaben und die damit verbundenen militärischen Forderungen. Die Basis dafür bildete eine Note von SACEUR, danach hatten deutsche Seestreitkräfte

- ○ dazu beizutragen, feindlichen Seestreitkräften den Durchbruch in die Nordsee durch die Ostseezugänge oder den Nord-Ostsee-Kanal zu verwehren,
- ○ in höchstmöglichem Maße die sowjetischen Seeverbindungen in der Ostsee zu unterbinden,
- ○ an der alliierten Verteidigung der deutschen Ostseeküste und der dänischen Inseln teilzunehmen,
- ○ beizutragen zur Aufrechterhaltung der alliierten Seeverbindungen in den deutschen Küstengewässern und den angrenzenden Seegebieten.

Aus dieser Aufgabenstellung hatte SACEUR dann seine ersten Vorstellungen für eine Zusammensetzung der deutschen Seestreitkräfte abgeleitet, die in den folgenden Jahren auch weitgehend verwirklicht wurden. Für die Bundesmarine war es gut, daß SACEUR (SHAPE) seiner Zeit nicht nur Aufgaben formulierte, sondern einen Schritt weiterging und Empfehlungen für die Bereitstellung bestimmter Typen und Stärken der künftigen deutschen Seestreitkräfte gab. Denn einmal ließen die sehr knapp gefaßten Aufgabenformulierungen für Auslegung und praktische Anwendung einen erheblichen problematischen Spielraum, der zu Meinungsverschiedenheiten führen konnte. Zum anderen leiteten sich die SHAPE-Empfehlungen in durchaus realistischer Weise aus den für eine künftige deutsche Marine zunächst verbindlichen Typen und Zahlen des „Accord Spécial" der EVG-Planungen ab und erleichterten daher in willkommener Weise die weiteren Planungs- und Aufbauarbeiten. Die seinerzeit von SHAPE definierten Aufgaben wurden in der Folge wiederholt modifiziert, bis heute aber nicht grundsätzlich geändert. Da sich diese Aufgaben naturgemäß auf einen möglichen Verteidigungsfall beschränkten, ergab sich die Notwendigkeit zu einer Erweiterung des Aufgabenkatalogs beispielsweise daraus, daß Schiffen, Booten und Flugzeugen der Marinen, somit auch denen der Bundesmarine, auch im Frieden und in Spannungszeiten Aufgaben zufallen, die sowohl im nationalen Interesse wie auch im Bündnisinteresse liegen.

Für die Bundesmarine wurden diese speziellen Aufgaben im Rahmen des Bündnisses einmal offiziell so formuliert:

- **im Frieden:** Präsenz in See, Überwachung des potentiellen Gegners zur See sowie Wahrung der Rechte der Bundesrepublik auf hoher See.
- **in Spannungszeiten:** erweiterte Aufklärung, Schutz der deutschen und verbündeten Handelsschiffahrt vor Übergriffen sowie politisch gesteuerte maritime Gegenmaßnahmen.

Präsenz in See kann aber als Verteidigungsfaktor nur dann wirksam sein, wenn ein hoher Ausbildungsstand und materiell hochwertige Einsatzmittel vorhanden sind. Nationale und NATO-Übungen der Seestreitkräfte., neuerdings auch unter ständiger Beteiligung einer deutschen Einheit (Zerstörer oder Fregatte) an dem NATO-Verband „Standing Naval Force Atlantic“ (Ständiger Marine-Einsatzverband Atlantik), sind besonders wirksame Mittel, die Leistungen der Besatzungen zu prüfen und im gegenseitigen Wettbewerb zu steigern. Die Teilnahme an einer Übungsperiode des internationalen Flottenverbandes gilt für die ausgewählten Einheiten als besondere Auszeichnung.

Auslands-Ausbildungsreisen, die nicht nur von Schulschiffen sondern auch von Flotteneinheiten der Bundesmarine durchgeführt werden, erfreuen sich bei den Besatzungen großer Beliebtheit. Jedes Schiff oder Boot der Marine unternimmt nach Plänen, die vom Flottenkommando und Marineamt (früher Kommando der Marineausbildung) erarbeitet werden, jährlich mindestens eine solche Auslandsausbildungsreise, entweder einzeln oder in kleineren Verbänden. Hinzu kommt seit einigen Jahren eine mehrwöchige Übung eines größeren Flottenverbandes, der sogenannten „Ständigen Einsatzgruppe der Flotte“, die regelmäßig das Anlaufen ausländischer Häfen einschließt.

Von den drei Hauptaufgaben der Bundesmarine im Sinne des Verteidigungskonzepts der NATO, vereinfacht dargestellt als

- Schutz der Ostseezugänge
- Einwirken auf gegnerische Seeverbindungen und
- Sicherung des eigenen Seeverkehrs

sind die ersten beiden vornehmlich im Ostseeraum, die letztere überwiegend in der Nordsee wahrzunehmen, wobei die „Grenzen" zwischen den beiden Seegebieten nicht klar gezeichnet sondern als flexibel anzusehen sind. Ebenso schließt der Begriff Nordsee auch deren Randgebiete im Norden ein. Da in diesem offenen Seegebiet, insbesondere in den Herbst- und Wintermonaten, häufig stürmisches Wetter und hoher Seegang anzutreffen sind, wird jedem einleuchten, daß nur „allwetterfähige" Schiffe von Zerstörer- oder Fregattengröße in diesem Seeraum uneingeschränkt operieren können. Außerhalb der Nordseegrenzen, das heißt im Atlantik- und im Ärmelkanalbereich, hat die Bundesmarine im Rahmen der Aufgabenteilung der NATO keine Einsatzaufgaben.

Aus den Aufgaben, die der Bundesmarine zufallen, wurde die KONZEPTION verbindliche Grundlage für die Entscheidung und Begründung ihrer Planungsvorhaben und Basis für die Festlegung ihrer internen „Aufträge". Im wesentlichen bedeutet das, daß das „Auftragspaket", aus der Konzeption abgeleitet, in der Form von Weisungen auf einzelne marine-interne Bereiche aufzuteilen war, wie zum Beispiel im Bereich der Ausbildung auf Programme der Schulen, Schulfahrzeuge und Einheiten der Flotte. Grundsatzweisungen und Vorschriften im gesamten Marinebereich müssen die Konzeption berücksichtigen, die, der tatsächlichen Entwicklung entsprechend, von Zeit zu Zeit auf den neuesten Stand zu bringen ist.

Zur Konzeption und bei wesentlichen Änderungen an ihr ist in letzter Instanz die Zustimmung des Verteidigungsausschusses des Bundestages über den Bundesminister der Verteidigung einzuholen. Dabei wird zuvor in enger Zusammenarbeit mit den Abteilungen Gesamtstreitkräfte und Planung im Verteidigungsministerium sichergestellt, daß Überschneidungen mit den Zuständigkeiten von Heer und Luftwaffe vermieden werden, so daß sich das Marinekonzept nahtlos in den Gesamtrahmen der Bundeswehr einfügt. Dieses Verfahren entspricht im übrigen auch dem Nationalen Auftrag der Marine, im Zusammenwirken mit den deutschen Land- und Luftstreitkräften und gemeinsam mit den alliierten Streitkräften die Bundesrepublik gegen Angriffe auf See und von der See her zu verteidigen.

Das Personalwesen

Die Schaffung der personellen Basis stand naturgemäß im Mittelpunkt aller Bestrebungen in den Aufbaujahren. Dabei ging es im wesentlichen um längerdienendes Fachpersonal, das in der Lage war, mit den ständig steigenden technischen Anforderungen auf die Dauer fertig zu werden. 1956 begann man mit neun Dienstzweigen, aus denen sich bis heute drei Laufbahnen entwickelt haben: Die des Truppendienstes, des Sanitätsdienstes und der Militärmusik. Zu den 31 Fachrichtungen kamen inzwischen fünf weitere hinzu. Dabei nimmt der elektronische Komplex einen besonderen Rang ein. 1969 konnten die ersten Offiziere des militärfachlichen Dienstes ernannt werden. Diese Maßnahme hat sich als äußerst nützlich erwiesen.

Möglichkeiten zu einer Koordinierung von Arbeitsgebieten der Streitkräfte boten sich von Anfang an bei den Personal- und Ausbildungsvorhaben von Heer, Marine und Luftwaffe an. So unterschiedlich auch die Einsatzbedingungen der drei Teilstreitkräfte und eine ganze Reihe damit eng korrespondierender Voraussetzungen wegen der teilstreitkraft-typischen Operationsräume Land, Luft und See von Natur aus sein mögen, so liegt doch auch auf der Hand, daß wesentliche Grundsätze auf einer ganzen Anzahl von Gebieten für die Bundeswehr als Ganzes anwendbar sind und dort allgemein gelten müssen, wo dies vorteilhaft erscheint. Als Beispiele sollen hier die Bereiche der Administration, der allgemeinen Technik, der Forschung und Entwicklung angeführt werden. Grundsätzliche Fragen des Rechts, der Verwaltung, der Infrastruktur und der technischen Entwicklung – um nur einige wesentliche Gebiete zu nennen – werden daher vernünftigerweise für alle Streitkräfte und Einrichtungen der Bundeswehr in dafür zuständigen, zivilen Abteilungen des Verteidigungsministeriums behandelt. Auf der Ebene dem Ministerium nachgeordneter Oberbehörden, wie z. B. den Bundeswehrverwaltungen und dem Bundeswehrbeschaffungsamt, werden bundeswehr-gemeinsame Fragen nach ministeriellen Weisungen exekutiv bearbeitet.

Auf dem Personalgebiet ist eine gemischt militärisch und zivilbesetzte Personalabteilung im Ministerium (Abteilung P) sowohl für die Erarbeitung allgemein gültiger personeller Grundsätze zuständig, als auch unmittelbar für die Bearbeitung von Personalangelegenheiten der Offiziere und, mittelbar über die „Stammdienststellen" der Teilstreitkräfte für die Personalangelegenheiten der Unteroffiziere und Mannschaften. Daneben sorgen in den Führungsstäben der Gesamtstreitkräfte und der drei Teilstreitkräfte ausschließlich mit Soldaten besetzte Gruppen von Personalexperten, in enger Zusammenarbeit mit der Abteilung P und miteinander, für die Bearbeitung rein militärischer Personalgrundlagen und personeller Führungsweisungen einschließlich solcher auf dem Gebiet der „inneren Führung" und der soldatischen Erziehung, die der Generalinspekteur der Bundeswehr und die Inspekteure der Teilstreitkräfte erlassen, letztere seit März 1970, in ihrer Eigenschaft als oberste truppendienstliche und disziplinare Vorgesetzte der Soldaten ihrer Teilstreitkraft dem Bundesminister der Verteidigung unmittelbar und persönlich verantwortlich.

Auch auf dem Ausbildungsgebiet ist man um Koordinierung und gegenseitige Unterstützung bemüht. Einheitliche Ausbildungsgrundsätze, Ausbildungsvorschriften und Lehrmethoden wurden entwickelt, soweit gleiche Voraussetzungen in allen

Streitkräften vorliegen. Die Eigenständigkeit der Teilstreitkräfte in ihren speziellen Ausbildungsbereichen bleibt hiervon unberührt. Auch bleibt die Heeres-, Marine- und Luftwaffenführung im Rahmen ihrer uneingeschränkten Zuständigkeit für ihre Teilstreitkräfte für die Einhaltung aller erlassenen Ausbildungsweisungen und -vorschriften in der Truppe verantwortlich.

Bei dem personellen Aufbau der Bundesmarine traten erwartungsgemäß zahlreiche Probleme auf, die den Verantwortlichen oft Kopfzerbrechen bereiteten. Besonders in der ersten Zeit mußten immer wieder Notlösungen gefunden werden, um einen geordneten Aufbau in dem geplanten Zeitablauf nicht zu gefährden. Mit diesen Maßnahmen in dem ersten Aufbaustadium gelang es erfreulicherweise, das personelle Planungssoll nicht nur einzuhalten, sondern in gewissem Umfang sogar zu übertreffen.

Außer den wenigen Marineoffizieren und -unteroffizieren, die an der Jahreswende 1955/56 im Verteidigungsministerium tätig waren, und den Anfang 1956 übernommenen, ehemaligen Angehörigen des Bundesgrenzschutzes See und des Bremerhavener Minensuchverbandes konnten im Verlauf des Jahres 1956 eine größere Anzahl geeigneter ehemaliger Offiziere und Unteroffiziere für den ersten Aufbauabschnitt gewonnen werden. Die vorbereitenden, persönlichen Verhandlungen mit diesem Personenkreis waren von den Personalbearbeitern in der Dienststelle Blank und anschließend im Verteidigungsministerium zum großen Teil bereits lange vor dem Aufstellungsbeginn aufgenommen worden. Mit diesen erfahrenen Männern wurde nach ihrer eigenen Einweisung und ersten Ausbildung ein „Stamm" geschaffen, der für die weitere Entwicklung von unschätzbarem Wert war. So konnte erreicht werden, daß die Bundesmarine bis zum Ende des ersten Aufstellungsjahres (1956) einen Personalbestand von insgesamt 7.700 Offizieren, Unteroffizieren und Mannschaften ausweisen konnte. Im folgenden Jahr wurde diese Personalstärke fast verdoppelt, im Jahr 1959 auf rd. 20 000 und 1962 auf 28 000 erhöht. Die geplante Endstärke von etwa 37 000 Offizieren, Unteroffizieren und Mannschaften wurde Mitte 1967 erreicht. Diese Zahl ist bis heute nahezu unverändert geblieben. Hinzu kommen etwa 9000 Zivilbedienstete innerhalb des Marinebereichs, die mit den Soldaten eng zusammenarbeiten, fachlich aber den zuständigen Verwaltungsstellen der Bundeswehr unterstehen.

Die vielschichtigen Anforderungen, die sich aus der Besetzung von Planstellen der sich allmählich entwickelnden Flotte mit zahlreichen Schiffstypen vom Zerstörer bis zum U-Boot und verschiedenen Typen von Marineflugzeugen ergaben, machten eine Anpassung der Offizierlaufbahnen ebenso notwendig wie eine weitere Auffächerung der Laufbahnen der Unteroffiziere und Mannschaften in Dienstzweige und Fachrichtungen. Man begann damals mit neun Dienstzweigen, aus denen sich bis heute drei Laufbahnen entwickelt haben, nämlich die Laufbahnen des Truppendienstes, des Sanitätsdienstes und der Militärmusik. Die Laufbahnen des Truppendienstes umfassen den seemännischen Dienst, Führungsdienst, Waffendienst, schiffstechnischen Dienst, Marinefliegerdienst, Versorgungsdienst und Küstendienst. Zu den damals 31 Fachrichtungen sind inzwischen, insbesondere bedingt durch die technische Entwicklung, 5 weitere Fachrichtungen hinzugekommen. Hierzu gehören, um nur einige Beispiele zu nennen, heute Fachrichtungen wie Führungsmittel-Elektronik, Überwasser- und Unterwasserwaffen-Elektronik, Luftfahrzeug-Elektronik, Flugsicherung und Kraftfahrzeugtechnik. Neben dem auch heute noch wichtigen Decksdienst, d. h. der seemännischen Betreuung und Bedienung eines Schiffes oder Bootes, überwiegen die technischen Dienste bis hin zu den feinen elektronischen Verästelungen. Hier wird einem jungen Mann, der an dem Dienst in der Bundesmarine interessiert ist, eine weite Skala an Verwendungs- und zuvor Ausbildungsmöglichkeiten geboten, die auch für eine spätere Tätigkeit im zivilen Berufsleben von großem Nutzen sein kann.

Bei den Offizier-Laufbahnen der Marine ist man naturgemäß einen ähnlichen Weg gegangen. Dennoch unterscheiden sie sich grundlegend von denen, die in der Reichs- und Kriegsmarine eingeführt waren. In Anlehnung an die Verhältnisse in der Kaiserlichen Marine Anfang des Jahrhunderts hatte es in der Reichs- und Kriegsmarine, also bis zum Ende des Zweiten Weltkriegs, drei große Offizierlaufbahnen gegeben, nämlich die Seeoffizier-, Ingenieuroffizier- und Verwaltungsoffizier-Laufbahn. Daneben gab es noch einige Speziallaufbahnen geringeren Umfangs.

Grundlegende Neuordnung der Bundeswehrstruktur gegenüber den Gegebenheiten in den deutschen Streitkräften der Vorkriegs- und Kriegsjahre legte es nahe, vorliegende Erfahrungen dort zu berücksichtigen, wo Reformen angebracht schienen, um einen höheren Wirkungsgrad für das ganze zu erreichen. Man hatte daher in den Jahren vor Aufstellungsbeginn in einem größeren Kreis ehemaliger Marineoffiziere eingehende Überlegungen darüber angestellt, ob nicht die drei großen Offizier-Laufbahnen, also Seeoffizier-, Ingenieuroffizier- und Verwaltungsoffizier-Laufbahn, von damals zu einer „Einheits-Laufbahn" vereinigt werden könnten. Obwohl es auch gewichtige Gegenstimmen gab, die zu prüfen waren, entschied man sich –

erfreulicherweise, wie heute festgestellt werden kann – für diese „Einheits-Laufbahn". Bei dem früheren Laufbahnprinzip hatten sich vor allem vor dem Ersten Weltkrieg häufig Gegensätzlichkeiten zwischen Angehörigen der drei sehr unterschiedlichen Laufbahnen ergeben, die sich in Spannungen, mangelndem gegenseitigen Verständnis, Mißgunst und Überheblichkeit ausgewirkt hatten. Diese vornehmlich menschlich bedingten Unzulänglichkeiten wurden bei einer Einheitslaufbahn gegenstandslos. Ein schiffstechnisch vorgebildeter Offizier z. B., der als „Leitender Ingenieur" an Bord eingesetzt ist, kann in der Einheits-Laufbahn bei entsprechender Eignung heute ebenso Schiffs- oder Bootskommandant oder auch Geschwaderchef werden und bis in höchste Führungsstellen aufrücken wie ein auf dem Verwaltungsgebiet geschulter und verwendeter „Logistiker". Zahlreiche Beispiele aus der Praxis der vergangenen Jahre beweisen das.

Eine gewisse Einschränkung ist hier lediglich bei dem Marinefliegerdienst anzumerken, bei dem jahrelange, spezielle Ausbildung eine Verwendung der geschulten Marineflieger in diesem Dienstzweig für längere Zeit gebietet. Diese „Einschränkung" ist aber dem jungen Marineflieger-Offizieren keineswegs unwillkommen, zumal ihnen im Laufe der späteren Entwicklung Bordkommandos auf schwimmenden Marineeinheiten oder Kommandos in höheren Stabsstellungen an Bord und an Land einschließlich dem Bundesministerium der Verteidigung nicht verschlossen bleiben. Wie alle anderen Marineoffiziere können auch sie bis in die höchsten Spitzen der Marine aufrücken, wie es das Beispiel des gegenwärtigen Inspekteurs der Marine, Vizeadmiral Günter Luther, beweist, der aus den Reihen der Marineflieger hervorgegangen ist.

Abgesehen von dem aufgezeigten psychologisch ebenso wie tatsächlich gewichtigen persönlichen Element für jeden jungen Menschen, der bei einer Berufswahl ernstlich überlegt, welchen Weg er einschlagen soll, ergibt sich bei näherer Betrachtung der Einheitslaufbahn ein nicht zu unterschätzender praktischer Vorteil für die Personalsteuerung ebenso wie auch für den einzelnen „Marine-Neuling" und für die Bildung einer Gemeinschaft des jeweiligen Einstellungsjahrganges, dessen im Ursprung englische Bezeichnung „Crew" (zu deutsch „Mannschaft") seit Jahren längst über den ursprünglichen Marinerahmen hinausgewachsen ist. Die CREW wurde nämlich in den Jahren seit 1956 nach dem damaligen Ausbildungssystem Jahrgang für Jahrgang gemeinsam bis zum Offizier ausgebildet. Erst danach folgte eine Aufteilung auf die ersten spezialisierten Fachlehrgänge. Dies ist auch heute noch, nach Einführung des für die gesamte Bundeswehr gültigen dreijährigen Studiums an einer Bundeswehrhochschule der Fall, und zwar nicht nur in diesen drei gemeinsamen Jahren, sondern auch in den nachfolgenden zwei Jahren der Ausbildung im militärischen Bereich. Nach einer längeren, allgemeinen Ausbildungszeit werden die jungen Marine-Offiziere ihren persönlichen Qualifikationen sowie möglichst auch ihren Neigungen und Wünschen entsprechend innerhalb der Einheitslaufbahn in Fachlehrgänge eingewiesen, die sie auf ihre anschließenden Dienststellungen vorbereiten sollen.

Im Gegensatz zu den Notwendigkeiten der starr festgelegten Laufbahnen der Vorkriegszeiten schließt aber die heutige fachliche Orientierung einen Wechsel in eine andere Richtung nicht aus. Vor allem in späteren Dienstjahren, in denen Persönlichkeitswerte und allgemeine Führungsqualitäten, wie übrigens auch in jedem zivilen Werdegang, den Weg des Einzelnen bestimmen. Mit dem „Truppenoffizier" hat die Marine in der Tat eine homogene Offizierlaufbahn geschaffen, die über einen fundierten Bildungs- und Ausbildungsstand verfügt, dabei aber auch hervorragende Fachleistungen erbringt, wie sie heute die modernen Waffensysteme in der Flotte erfordern. Neben der Laufbahn des Truppenoffiziers blieb die Laufbahn des Marine-Sanitätsoffiziers erhalten und wurde, wie auch in den Teilstreitkräften Heer und Luftwaffe, die Laufbahn des Musikoffiziers eingeführt.

Schließlich wurden im Jahre 1969 die ersten Offiziere des „Militärfachlichen Dienstes" ernannt. Mit dieser Maßnahme, mit der die Personalstruktur der Bundeswehr der gegenwärtigen Gesellschaftsstruktur angepaßt werden sollte, wurde zum ersten Mal planmäßig durch Gesetz und Verordnung vorgesehen, daß Feldwebel und Bootsmänner der drei Teilstreitkräfte in die Laufbahngruppe der Offiziere aufsteigen konnten. Bis dahin war dies nur in Ausnahmefällen für Unteroffiziere möglich. Diese „Fachoffiziere" können, hierzu ausgewählt und nach Bestehen einer Prüfung, bis zum Dienstgrad eines Hauptmanns/Kapitänleutnants befördert werden. Weitere Beförderungen zum Major und darüber hinaus zu höheren Dienstgraden sind möglich, wenn die für alle Offiziere vorgeschriebene „Stabsoffizier-Prüfung" mit Erfolg abgelegt worden ist. Vom Dienstgrad des Majors an wird der ehemalige Fachoffizier in die Laufbahn des Truppenoffiziers vollwertig eingereiht.

Für junge Männer, die gern zur Bundeswehr wollen, ohne den Abschluß einer höheren Schule (Abitur) erreicht zu haben, bietet die Fachoffizier-Laufbahn gute Aussichten, nach verhältnismäßig kurzer Zeit Offizier, und damit auch Marine-Offizier, zu werden. Bei entsprechender dienstlicher Qualifikation und persönlicher Eignung können auch solche Anwärter in hohe Dienstgrade und Verantwortung aufsteigen.

Neben ihren längerdienenden Soldaten – Berufssoldaten und Soldaten auf Zeit – verfügt die Marine, ebenso wie Heer und Luftwaffe, über eine große Anzahl von Wehrpflichtigen. Schwierigkeiten bei der Gewinnung von geeignetem Nachwuchs für die Laufbahnen der Berufs- und Zeitsoldaten führten dazu, im Laufe der Jahre erheblich mehr Wehrpflichtige, als planmäßig vorgesehen, in die Bundesmarine einzustellen. Während nach dem Plansoll 85 Prozent aller Marinesoldaten „Langdiener" und nur 15 Prozent Wehrpflichtige sein sollten, wurden zeitweilig mehr als 30 Prozent Wehrpflichtige gegenüber rund 70 Prozent Berufs- und Zeitsoldaten in der Bundesmarine registriert. Bei Heer und Luftwaffe, insbesondere beim Heer, liegt der Anteil an Wehrpflichtigen auch planmäßig allerdings noch beträchtlich höher als bei der Marine. Darüber hinaus kann die Marine für sich in Anspruch nehmen, daß nahezu alle von ihr eingestellten Wehrpflichtigen „Freiwillige" sind, d. h., daß viele Wehrpflichtige – für die Marine erfreulicherweise – ihren Wehrdienst lieber bei der Marine ableisten, als bei den anderen beiden Teilstreitkräften. So sympathisch dieser Wunsch zunächst auch anmuten mag, erleichtert er dennoch die personelle Gesamtsituation der Marine auf den Fachgebieten nicht nennenswert. In den ersten Aufbaujahren war dies anders, weil die vornehmlich im Ausland beschafften, ersten schwimmenden Einheiten der Bundesmarine verhältnismäßig einfach ausgestattet waren und vor allem auf technischen Gebiet keine besonders hohen Anforderungen an das Bedienungspersonal stellten. Die moderne und hoch komplizierte Ausrüstung von Schiffen, Booten und Flugzeugen der Marine und der zugehörigen Landanlagen mit ihren komplexen Waffensystemen bedingt aber eine sorgfältige und damit lange Ausbildung der zahlreichen erforderlichen Spezialisten. Die Marine benötigt heute und in der gegenwärtigen Modernisierungsphase von Jahr zu Jahr mehr einen hohen Anteil an längerdienenden Soldaten. Sie strebt daher an, den Anteil der Wehrpflichtigen an der Gesamtstärke in Höhe von 15 Prozent wieder zu erreichen. Obwohl die Verwendungsmöglichkeiten von Wehrpflichtigen bei den seefahrenden Einheiten und im Marinefliegerbereich erheblich eingeschränkt sind, besonders seit die Wehrdienstzeit allgemein von 18 auf 15 Monate verringert wurde, bieten sich dennoch in dem aufgezeigten Rahmen genügend attraktive Möglichkeiten für die Ableistung des Wehrdienstes in der Bundesmarine. Für Funktionen oder Tätigkeiten, die eine längere fachliche Ausbildung erfordern, können allerdings keine Wehrpflichtigen mehr herangezogen werden. z. B. für das Kampfschwimmer- und U-Boot-Personal. Diese Funktionen müssen längerdienenden Mannschaften oder sogar Maaten, also Unteroffizieren, vorbehalten bleiben, um ein rationelles Verhältnis der Ausbildung zur Verwendungsdauer von etwa 40 : 60 oder möglichst noch günstiger zu erhalten.

Soldaten auf Zeit – längerdienende Mannschaften und Unteroffiziere – können sich bei der Marine für vier Jahre bis fünfzehn Jahre verpflichten, Offiziere für vier bis zwölf Jahre. Für Flugzeugführer ist eine Verpflichtungszeit von zwölf Jahren, für Fernmeldeeinsatzoffiziere von mindestens acht Jahren, für Kampfschwimmer und den Dienst auf U-Booten von mindestens sechs Jahren vorgeschrieben. Weiterverpflichtungen und Übernahme in das Dienstverhältnis eines Berufssoldaten sind möglich, letztere allerdings nicht für Mannschaften. Die Zahl der Weiterverpflichtungen hat sich neuerdings – bedingt durch die wirtschaftliche Gesamtsituation in der Bundesrepublik – erheblich erhöht, ebenso auch die Zahl der Anträge auf Einstellung in die Bundeswehr.

Jeder Zeitsoldat, der nach Ablauf seiner Verpflichtungszeit in das Zivilleben zurückkehrt, erhält den Status eines „Reservisten“.

Er führt seinen Entlassungsdienstgrad weiter mit dem Zusatz „der Reserve“ (d. R.). Berufssoldaten im Ruhestand verbleiben bis zum 65. Lebensjahr im Reserveverhältnis, werden jedoch in der Regel nicht mehr zu Wehrübungen einberufen. Wehrpflichtige gelten als Reservisten nur, wenn sie mindestens einen Monat Grundwehrdienst oder eine Wehrübung abgeleistet haben. Freiwillige Wehrübungen sind möglich und erfreuen sich, besonders bei den jüngeren Marineangehörigen „der Reserve“, großer Beliebtheit, da persönliche Wünsche nach Möglichkeit berücksichtigt werden, wie z. B. Verwendung an Bord, spezielle Stabstätigkeit, die den eigenen Neigungen entgegenkommt, oder sonstige attraktive Verwendungen im Unterstützungs- und Ausbildungsbereich.

Schulen und Ausbildung

Weit gefächerte Fachausbildung auf den Waffen- und Fachschulen der Marine, auf Schulfahrzeugen und im Flottillenbereich standen von Anfang an im Vordergrund der Ausbildungspolitik. Einheitlich gehandhabt war für alle Berufs- und Zeitsoldaten einschließlich der Offizieranwärter eine militärisch seemännische Grundausbildung von mehreren Monaten, die zunächst in einem der drei Ausbildungsbataillone abzuleisten waren. Später ergaben sich Modifizierungen des Ausbildungsganges, die den Erfordernissen besser als bisher entsprachen. Die Marine knüpfte schon im ersten Ausbildungsjahr an die bewährte Praxis der Auslands-Ausbildungsreisen mit großem Erfolg an.

Eines der größten Probleme, die zu lösen waren, um einen zügigen Aufbau der Streitkräfte in Gang zu bringen, war das überaus komplexe Gebiet der Ausbildung. Die Bundeswehrführung hat sich von Anfang an bemüht, für die gesamte Bundeswehr anwendbare allgemeine Ausbildungsgrundsätze festzulegen und sie den Teilstreitkräften als verbindliche Richtlinien an die Hand zu geben.

Unter Berücksichtigung dieser Grundsätze wurden ins Einzelne gehende Pläne für die Marine-Ausbildung bereits lange vor Aufstellungsbeginn von der Gruppe Marine der „Dienstelle Blank" erarbeitet und „schubkastenklar" gehalten, so daß die ersten Ausbildungseinheiten Anfang 1956 ohne Verzug gebildet und mit dem benötigten Lehrstoff versehen werden konnten. Die Marine war hierbei in der glücklichen Lage, auf eine Anzahl von Ausbildungsstätten aus der Vorkriegs- und Kriegszeit, nach deren zunächst notdürftigen Wiederherrichtung zurückgreifen zu können. Ebenso konnten Erfahrungen der damaligen Zeit für die anlaufende erste Ausbildungsphase vielfach herangezogen werden, zumal man davon ausgehen konnte, daß in den ersten Jahren in der Flotte ausschließlich Schiffe und Boote Verwendung finden würden, die entweder noch aus der Zeit des Zweiten Weltkrieges stammten, oder ihnen in ihrem technischen Entwircklungsstand in etwa entsprachen. Auch insoweit leistete die Übernahme des Bundesgrenzschutzes See und der Bremerhavener „Labor Service Unit" willkommene Hilfe. Nicht anwendbar freilich war diese Erleichterung für die in die Flotte zu integrierenden Marinefliegereinheiten, da es hierfür „Vorgänge" nicht gab. Die Ausbildung der Marineflieger mußte sich daher auf die Luftwaffe und auf Ausbildungshilfen abstützen, die der Bundesmarine vom Ausland, insbesondere von den USA und Großbritannien, angeboten wurden, ein gewisses Wagnis, das aber letztlich zu vollem Erfolg führte.

Einheitlich für alle Berufs- und Zeitsoldaten, einschließlich Offizieranwärter, die in die Marine eintraten, war im ersten Ausbildungsabschnitt eine militärisch/seemännische Grundausbildung von mehreren Monaten vorgesehen, die zunächst in einem der drei Bataillone des Marine-Ausbildungs-Regiments abgeleistet wurde. Ihr folgten, entsprechend dem vorausberechneten Bedarf für die Bord- und Landeinheiten eine weitgefächerte Fachausbildung auf den Waffen- und Fachschulen der Marine, für die Marineflieger – wie erwähnt – auch außerhalb der Marine, sowie auf Schulfahrzeugen und im Flottenbereich. Wehrpflichtige erhalten grundsätzlich eine militärisch/seemännische Grundausbildung, jedoch keine Fachausbildung, damit ihre verbleibende Wehrdienstzeit ausgenutzt werden kann.

Für Offizieranwärter schloß sich an die Grundausbildung in einem Ausbildungsbataillon eine Borddienstzeit auf einem Schulschiff oder -boot, später zusätzlich auf dem Segelschulschiff „Gorch Fock“, an. Es folgte eine mehrmonatige Ausbildung an der Marineschule Flensburg-Mürwik, während der die künftigen Marineoffiziere zu einer allgemeinen höheren Ausbildung auf theoretischem und praktischem Gebiet zusammengefaßt wurden, ähnlich wie sie auch vor dem Zweiten Weltkrieg allen Marine-Offizieranwärtern als Grundlage für die Ausübung ihres künftigen verantwortungsvollen Berufes mitgegeben wurde.

Vom Jahre 1957 an wurden Offiziere auch für den Admiralstabsdienst ausgebildet, d. h., für eine Verwendung in höheren nationalen und NATO-Führungsstäben sowie im Bundesministerium der Verteidigung. Ausgewählte Unteroffizier-Anwärter wurden, ihrer Vorbildung, Eignung und möglichst auch Neigung entsprechend, auf Fach- und Waffenschulen in einem sogenannten „Fachlehrgang 1“ für eine Weiterverwendung in gehobener Position und Verantwortung ausgebildet. Bei weiterer Bewährung in ihren Fachrichtungen und im Truppendienst können Unteroffiziere nach Absolvierung eines weiteren Fachlehrgangs (2) zum Bootsmann (= Feldwebel) und schließlich nach Bestehen eines dritten Fachlehrgangs (3) zum Stabsbootsmann (= Stabsfeldwebel) befördert werden.

Für die Sonderausbildung des Marinefliegerpersonals gelten Ausnahmen, nämlich enge Anlehnung an die Luftwaffe und an Einrichtungen ausländischer Luftstreitkräfte. Das schließt aber nicht aus, daß Marineflieger auch an Bord von Schiffen und Booten der Flotte und des Ausbildungsbereichs sowie auch in sonstigen Marinedienststellen, einschließlich Stäben, an Land eingesetzt werden können. Die Regel ist dieser Fall sicher nicht, da beispielsweise hochspezialisiertes Fachpersonal, ebenso wie in anderen Fachrichtungen der Marine, aus rationellen Gründen normalerweise im angestammten Bereich verbleibt. Es bietet sich hier aber eine Möglichkeit, von der in den vergangenen Jahren vielfach und zur Zufriedenheit aller Beteiligten Gebrauch gemacht worden ist.

Besonderer Wert wird bei der Ausbildung auf das Lehren der englischen Sprache gelegt, die bei der praktischen Ausbildung für den Dienst in schwimmenden und fliegenden Verbänden sowie der Waffen- und Fernmeldeausbildung, weiter gefördert wird. Die Notwendigkeit hierfür liegt auf der Hand, denn nicht nur in internationalen (NATO-) Stäben, sondern auch in der Flotte ist überall dort Dienst (von Schiff zu Schiff) in englischer Sprache zu tun, wo mit NATO-Partnern gemeinsam geübt wird.

Auch in rein deutschen Übungen und Manövern wird deshalb von Schiff zu Schiff nur englisch gesprochen. Für die Marineflieger kommt hinzu, daß die Funk-Fernsprechverbindung vom Flugzeug zu den Bodenstellen und umgekehrt grundsätzlich auf englisch abgewickelt wird, wie dies allgemein in der internationalen Luftfahrt üblich ist.

Die Marine hat sich stets intensiv um eine sorgfältige Ausbildung und Fortbildung ihres Offizier- und Unteroffiziernachwuchses gekümmert. Dabei ist sie bemüht, Ausbildungsziele und -methoden ständig auf dem laufenden zu halten, d. h., sie der raschen Entwicklung der militärischen Anforderung und den neuesten Erkenntnissen auf dem Gebiet der allgemeinen Bildung anzupassen. Vizeadmiral Heinz Kühnle, Inspekteur der Marine von 1971 bis 1975, nahm sich dieses Aufgabengebiets besonders an. Bildungs- und Ausbildungskonzept der Bundesmarine sind weitgehend sein Werk.

Der Weiterbildung von Zeitsoldaten einschließlich einer Umschulung auf zunehmend attraktive Ausbildungs- und Berufszweige (z. B. auf dem Gebiet der Elektronik), wird besondere Aufmerksamkeit gewidmet. Diese zusätzliche Schulung ist dazu geeignet, den Soldaten neben einer interessanten Tätigkeit während ihrer Dienstzeit in der Bundesmarine eine solide Grundlage für den Übergang ins Zivilleben und ihren weiteren beruflichen Weg zu geben. Viele Zeitsoldaten machen von dieser Möglichkeit Gebrauch.

Um die Ausbildungsmaßnahmen bei Aufstellungsbeginn einzuleiten, erfolgte um die Jahreswende 1956/57 im Bundesministerium der Verteidigung als „Ausbildung der Ausbilder" zunächst eine mehrtägige Einweisung, in der sie gemeinsam mit an anderen Stellen einzusetzenden „Männern der ersten Stunde" mit den Planungen und Einzelvorhaben der ersten Jahre vertraut gemacht wurden.

Nach dem Anlaufen der Grundausbildung für die ersten eingetroffenen Rekruten bei der Marine-Lehrkompanie in Wilhelmshaven im Januar 1956 konnten die ersten permanenten Ausbildungsstätten der Marine noch im ersten Aufstellungsjahr ihre Tätigkeit aufnehmen. Es handelte sich dabei um das Marine-Ausbildungsregiment, das damals noch unter dem Namen „Schiffsstamm-Regiment" lief, die Marineschule Mürwik (für die Ausbildung der ersten Offizieranwärter), die Marineunteroffizierschule, die Marine-Versorgungsschule und den Lehrstab für die Abteilung Marine der noch zu gründenden Führungsakademie der Bundeswehr (für die Ausbildung der ersten Admiralstabsoffiziere). Hinzu kamen einige kleine Schulschiffe für die erste seemännische Ausbildung. Von großem Wert war die Übernahme der seegehenden Fahrzeuge des Bundesgrenzschutzes/See (BGS). So konnte die junge Bundesmarine schon am 2. Juli 1956 die sogenannten Begleitschiffe „Eider" und „Trave" in Dienst stellen. Dabei handelte es sich um ehemalige Korvetten der kanadischen „Isle"-Klasse, sehr seetüchtige Boote von 480 Tonnen Wasserverdrängung. Sie hatten damals eine Besatzung von 65 Mann und liefen maximal 13 Knoten. Dank ihres besonders wirtschaftlichen dieselelektrischen Antriebes konnte die „Trave" mehr als 11 000 Seemeilen ohne Brennstoffergänzung zurücklegen. Beide Schiffe liefen am 12. November 1956 zu der ersten Auslands-Ausbildungsreise der Bundesmarine aus. Sie führte sie bei stürmischem Wetter bis hinauf zu den Shetlands, vorbei an den Orkneys und von dort in den Ärmelkanal nach Portsmouth, wo der Verband mit dem marineüblichen Zeremoniell begrüßt wurde. Die britische Marine empfing die deutschen Besatzungen sehr herzlich und legte damit den Grundstein für enge persönliche Kontakte. Zufällig lagen in der britischen Marinebasis auch einige Torpedorohre bereit, die für deutsche S-Boote bestimmt waren. Da „Eider" und „Trave" über Ladebäume verfügten, nahmen sie die Rohre an Bord und bewährten sich auf der Rückreise zugleich als Transporter. Am 8. Dezember kehrten sie nach einem Besuch in Den Helder zurück. Die ersten Erfahrungen lagen vor.

Von großer Bedeutung für die Intensivierung der Ausbildung war die Indienststellung der beiden in Großbritannien erworbenen Schulfregatten „Hipper" (angekauft am 10. Januar 1959) und „Graf Spee" (angekauft am 21. Februar 1959). Frühere Fregatten der „Black Swan"-Klasse von 1470 ts. Ausgezeichnete Seeschiffe mit Unterbringungsmöglichkeiten für 180 Mann an Stammpersonal und Kadetten. Sie liefen am 9. Mai 1959 zu ihrer ersten Weltreise aus.

Aus den ersten Ausbildungseinrichtungen entwickelten sich im Laufe der Jahre zehn leistungsfähige, moderne Schulen und fünf selbständige Lehrgruppen, zu denen mit dem Schulschiff „Deutschland" und dem Segelschulschiff „Gorch Fock" zwei besonders wertvolle Ausbildungsmittel traten. Heute befindet sich etwa ein Viertel des gesamten Personals der Marine ständig in Ausbildung. Die Einzelausbildung wird u. a. beeinflußt durch

- die Verkürzung der Wehrpflicht auf 15 Monate,
- eine wesentliche Umstellung der Ausbildung zum Unteroffizier,
- Änderungen in der Ausbildung der Offizieranwärter und Offiziere,
- Einführung neuer Waffensysteme,
- Umorganisation des Bereichs des Marineamtes.

Das MARINEAMT führt die Ausbildungsaufträge durch, die der Führungsstab der Marine im Bundesministerium der Verteidigung festlegt. Ihm obliegt das Vorbereiten und Auswerten der Einzelausbildung und die Dienstaufsicht über die Ausbildungseinheiten.

Das FLOTTENKOMMANDO sorgt dafür, daß die Forderungen der schwimmenden und fliegenden Verbände in dieser Ausbildung voll berücksichtigt werden, damit sie in allen ihren Zweigen „frontnah" bleibt und Leerlauf vermieden wird.

Folgende wesentliche Ausbildungseinrichtungen sind heute dem MARINEAMT bzw. FLOTTENKOMMANDO unterstellt:

- ○ MARINESCHULE MÜRWIK in Flensburg für die Ausbildung der Offizieranwärter und Offiziere
- ○ MARINEUNTEROFFIZIERSCHULE in Plön (Holstein) für Unteroffizieranwärter und für die Weiterbildung von Unteroffizieren aller Dienstgrade
- ○ MARINEARTILLERIESCHULE in Ellenberg b. Kappeln und MARINEUNTERWASSERWAFFENSCHULE in Eckernförde für die Waffenausbildung aller Dienstgrade. Beide Schulen sind heute zur WAFFENSCHULE DER MARINE zusammengefaßt.
- ○ TECHNISCHE MARINESCHULE I in Kiel,
  TECHNISCHE MARINESCHULE II in Bremerhaven,
  SCHIFFSSICHERUNGSLEHRGRUPPE und
  U-BOOT-LEHRGRUPPE in Neustadt (Holstein) und
  MARINEFLIEGERLEHRGRUPPE in Westerland auf Sylt für die technische Ausbildung
- ○ MARINEFERNMELDESCHULE in Flensburg,
  MARINEORTUNGSSCHULE in Bremerhaven
  und KOMMANDO DER MARINEFÜHRUNGSSYSTEME für die Ausbildung in Führungs- und Fernmeldetechnik
- ○ MARINE-VERSORGUNGSSCHULE in List auf Sylt,
  MARINEKÜSTENDIENSTSCHULE in Grossenbrode (am Fehmarn-Sund) und SEEMANNSCHAFTSLEHRGRUPPE auf Borkum für die Ausbildung des logistischen, seemännischen und Küstendienstpersonals
- ○ das SCHULSCHIFF „DEUTSCHLAND" und das
  SEGELSCHULSCHIFF „GORCH FOCK",
  der MARINESCHULE MÜRWIK unterstellt.

Die Schulen und Lehrgruppen der Bundesmarine decken den gesamten Ausbildungsbedarf auf der unteren und mittleren Ebene im nationalen Bereich ab, wenn wir hier wiederum von gewissen fachlichen Ausnahmen bei den Marinefliegern absehen. Sie stehen qualitativ auf hohem Niveau und ihre Ausbildungsmittel sind vorzüglich. So wird bei Beschaffung einer modernen technischen Anlage, wie z. B. eines elektronischen Führungs- und Feuerleitsystems für die schwimmenden Einheiten, in der Regel eine identische Anlage für die entsprechende Schule oder Lehrgruppe beschafft, damit den Lehrgangsteilnehmern bereits an Land eine gründliche Ausbildung am gleichen Gerät vermittelt werden kann. Dieses Schulungssystem ist notwendig, da alle mit den gleichen Anlagen ausgerüsteten Kampfeinheiten der Marine NATO-assigniert sind und damit für eine Ausbildung der Lehrgänge normalerweise nicht zur Verfügung stehen.

Auf höherer Ebene ist an erster Stelle als nationale Ausbildungsstätte die Führungsakademie der Bundeswehr – Abteilung Marine – in Hamburg zu nennen, auf der nunmehr seit Jahren Admiralstabsoffiziere in 2-Jahres-Lehrgängen heranwachsen. Die Generalstabs- und Admiralstabslehrgänge der Führungsakademie der Bundeswehr haben auch in Fachkreisen des Auslandes hohe Anerkennung gefunden und werden weithin als vorbildlich bezeichnet. Neben der Führungsakademie werden auch andere Ausbildungseinrichtungen der Gesamtstreitkräfte und Teilstreitkräfte, wie auch Universitäten und Hochschulen, Ingenieurschulen, Fachhochschulen und Akademien in der Bundesrepublik für die Ausbildung künftiger Spezialisten für die modernen Flottenstreitkräfte, einschließlich der Marinefliegereinheiten, herangezogen.

Alle Ausbildungsstätten dieser Art erfreuen sich in der Marine großer Beliebtheit, ebenso wie Schulen, Universitäten und Colleges im Ausland, vor allem in den USA und in England, zu denen Angehörige der Bundesmarine, zum Teil über mehrere Jahre kommandiert werden, um sie auf spezielle und höhere Verwendung vorzubereiten.

Auslands-Ausbildungskommandos, die seit vielen Jahren ständig mit Soldaten der Bundesmarine beschickt werden, sind unter anderem

- das US Naval War College in Newport, Rhode Island, USA für höhere Führungsausbildung von Marineoffizieren (Dauer ein Jahr),
- die US-Marine-Universität in Monterey, Kalifornien, an der Pazifik-Küste, unweit San Francisco gelegen, für höhere elektronische Ausbildung von Marineoffizieren (Dauer drei bis fünf Jahre),

○ die US-Luftwaffenbasen in Sheppard (Texas) und Luke (Arizona) für fliegerische Ausbildung von Düsenpiloten der Marine (Dauer etwa zwei Jahre).

Daneben laufen nach Bedarf Lehrgänge von längerer oder kürzerer Dauer für alle Marinedienstgrade dort, wo an Waffen und Geräten, die von den USA geliefert sind, an Ort und Stelle ausgebildet wird. So verlegen die Flugkörperzerstörer der „Lütjens-Klasse", die in den USA gebaut wurden, auch heute noch von Zeit zu Zeit für mehrere Monate zu technischen Arbeiten an Führungs- und Waffensystem und zu Schießübungen an die Ostküste der USA. Dabei werden Häfen in Florida und karibische Stützpunkte angelaufen.

Familienväter können ihre Frauen, Kinder und Hausstand auf Staatskosten nach Übersee mitnehmen, wenn ihre Auslandsverwendung länger als ein halbes Jahr dauert.

Einige deutsche Marineoffiziere haben ihre fünfjährige Ausbildung auf elektronischem Spezialgebiet bei der US-Marine-Universität in Monterey, Kalifornien, nicht nur mit dem seltenen „Master-Degree" abgeschlossen, sondern darüber hinaus auch die letzte Ausbildungsstufe, den in den USA besonders hoch bewerteten Doktor-Grad erreicht, der auch in der Bundesrepublik anerkannt wird. Bei den abschließenden Feierlichkeiten wurden sie besonders geehrt, wobei sicherlich berücksichtigt wurde, daß sie das gesamte Studium in englischer Sprache zu absolvieren hatten. Eine solche extreme Spezialisierung bedeutet nicht, daß diese Offiziere in ihrer weiteren Marinelaufbahn „normale" Bordkommandos oder ähnliche Verwendungen nicht mehr erhalten könnten. Einer der Offiziere mit dem „amerikanischen Doktorhut" wurde z. B. nach seiner Rückkehr in die Heimat als I. Offizier auf einem Flugkörperzerstörer eingesetzt.

Eine auch noch so lange und gründliche Ausbildung in den Streitkräften der Bundeswehr, also auch in der Bundesmarine, kann aber nicht Selbstzweck sein. Auch denjenigen, die nicht das Glück haben, an besonders attraktiven Stellen ausgebildet zu werden, bieten sich Aufstiegschancen bis in die höhere und höchste Bundeswehrführung. Wer keine wissenschaftliche oder spezielle technische Ausbildung erhält, kann in der gleichen Zeit Erfahrungen auf Schiffen und Booten, im Marinefliegerbereich, in Stäben und in sonstigen Dienststellen der Marine sammeln, die ihm insoweit eine Überlegenheit gegenüber den „studierten" Kameraden geben können. Ein absolut gültiges Maß für die Bewertung des einen oder des anderen aufgrund seiner Vorbildung gibt es in der Marine nicht. Es entscheiden vor allem Persönlichkeit, Können und Einsatzbereitschaft des Einzelnen.

Im Rahmen des Ausbildungskonzepts der Bundesmarine kommt den Schulschiffen „Deutschland“ und „Gorch Fock“ besondere Bedeutung zu. Die beiden Schiffe wurden Mitte der 50iger Jahre nach eingehenden Studien konzipiert und in den Ausbildungsgang der Marine eingebracht, da eine Ausbildung ausschließlich an Land, vor allem für die künftigen Berufsoffiziere und -unteroffiziere, nicht ausreichend erschien. NATO-assignierte Schiffe und Boote, d. h. Kampfeinheiten der Flotte, standen wegen des strikt einzuhaltenden Bereitschaftsgrads für Schulungszwecke des Ausbildungsbereichs nicht zur Verfügung.

Vor einigen Jahren ist im Führungsstab der Marine geprüft worden, ob man nicht zur „Personaleinsparung“ ohne die beiden Schulschiffe auskommen könne, d. h., ob sie nicht aus rationellen Gründen außer Dienst gestellt werden könnten. Die Prüfung führte nicht zu einer Abschaffung der beiden Schiffe, da die positiven Aspekte die negativen bei weitem überwogen. Die nicht nur in der Marine, sondern auch in der Bevölkerung populären Schiffe stehen also auch weiterhin für die seemännische Grundausbildung und erste Waffenausbildung des Offizier- und Unteroffizier-Nachwuchses zur Verfügung.

Die „Deutschland“, im Jahre 1963 bei der Werft Nobiskrug in Rendsburg in Dienst gestellt, ist mit rund 5400 ts Wasserverdrängung bei voller Ausrüstung und einer Besatzung von 304 Mann, zuzüglich 250 zur Ausbildung kommandierte Offizier- und Unteroffizier-Anwärter, das größte Kriegsschiff der Bundesmarine. Es ist mit einer Vielzahl verschiedener Führungs-, Waffen- und Antriebssysteme ausgestattet, wie sie auch auf den Kampfeinheiten der Flotte vorhanden sind. In den Jahren von 1965 bis 1975 unternahm die „Deutschland“ insgesamt zwölf ausgedehnte Auslandsreisen, von denen zwei Reisen rund um die Welt führten.

„Gorch Fock“ wurde bereits 1958 bei der Werft Blohm & Voss in Hamburg in den Dienst gestellt. Ihre Wasserverdrängung beträgt 1880 ts bei voller Ausrüstung. Ihre Besatzung beläuft sich auf 74 Mann Stammpersonal, zuzüglich 200 Auszubildende. Die „Gorch Fock“ wurde nach dem Vorbild ihrer drei Vorgänger der Vorkriegszeit gebaut, die sich hervorragend bewährt hatten und heute noch unter fremden Flaggen laufen. Wie sie verfügt auch „Gorch Fock“ über zahlreiche Sicherheitseinrichtungen, die das Schiff praktisch unsinkbar machen. Sie gilt als einer der schnellsten Groß-Segler der Welt, hat an vielen Transatlantik- und anderen Hochsee-Regatten der Windjammer teilgenommen und sich dabei wiederholt ausgezeichnet. Alle diese Hochseeregatten wurden mit normalen Besatzungen der Bundesmarine gesegelt.

Der Dienst auf einem Segelschiff bringt es mit sich, daß an jedes einzelne Besatzungsmitglied hohe persönliche Anforderungen gestellt werden, vor allem dann, wenn Wind und Wetter vollen Einsatz in der Takelage und an Deck verlangen. Hierin liegt ein großer Vorteil dieser ersten Bordausbildung, da sie den jungen „Marinern“ nicht nur gründliche seemännische Kenntnisse vermittelt, sondern sich auch persönlichkeitsbildend auswirkt. Die Ausbildung des Seemannes auf dem Segelschiff will nicht auf die Hilfe der Technik verzichten – die Ausrüstung der „Gorch Fock“ zeigt es –, sie will aber vor allem verhindern, daß der Mensch völlig von der Technik abhängig wird und sich nicht mehr zu helfen weiß, wenn der technische Apparat einmal versagt. Auf einem Kriegsschiff muß man damit rechnen, daß die technischen Einrichtungen ausfallen. Für diesen Fall muß eine Besatzung vorhanden sein, die der Auseinandersetzung mit den Naturkräften ohne technische Hilfsmittel gewachsen ist. Dazu erklärte der erste Inspekteur der Bundesmarine, Vizeadmiral Friedrich Ruge unter anderem: „Bei uns soll die Ausbildung spätere schwere Risiken dadurch verringern, daß der Kommandant, seine Offiziere und Unteroffiziere auf See mit bester Seemannschaft so gut wie möglich handeln. ‚Seemannschaft‘ ist das Handwerk, ist die Kunst, ein Schiff in allen Lagen, die in der Seefahrt möglich sind, sicher zu handhaben. Dazu ist ein hochentwickeltes Gefühl für Wind und Wetter und ihre vielfältigen Einflüsse auf die See erforderlich. Erstklassige Kenntnisse von Gezeiten und Strömungen, von Maschinen- und Motorwirkung, von allen Antriebsarten, von Navigation und Nachrichtenmitteln mit ihren Leistungen, Grenzen und möglichen Fehlern kommen noch hinzu.

Das alles zusammen ist eine ganze Menge und wird auch dadurch nicht einfacher, daß sich die See dauernd in Bewegung und Änderung befindet und daß sie gewaltige Kräfte entwickelt, die man mit Geschick ausnutzen kann, die sich aber, wenn man das Geschick nicht hat, sehr schnell gegen einen kehren.

Eine Flotte wie die unsere, die aus kleinen Fahrzeugen vom Zerstörer abwärts besteht, muß an ihre Offiziere ganz besonders hohe Anforderungen gerade bezüglich dieses Führens und Handhabens der Schiffe stellen. Denn diese kleineren Fahrzeuge sind ja naturgemäß viel mehr von der See abhängig als die größeren, die Kreuzer und Flugzeugträger.

Unter diesem Gesichtspunkt hat die Marine die Frage, ob Segelschulschiff oder nicht, erneut sehr sachlich und nüchtern geprüft – durchaus nicht sentimental und romantisch – das sind nur die Leute, die Schlager über die See dichten. In Wirklichkeit ist die See nur selten romantisch; sie ist immer ein erst zu nehmender Gegner, mit dem man sich auseinandersetzen muß. Trotz aller technischen Errungenschaften ist Seefahrt nun einmal nach wie vor grundsätzlich der Kampf des Menschen gegen Wind und See; und das spürt man am klarsten auf den Segelschiffen. Hier steht man den Elementen unmittelbar gegenüber...

See und Wind sind sehr harte Tatsachen, die der Mensch verarbeiten muß und die man nicht einfach wegdiskutieren kann. Die Segelausbildung entwickelt einen sechsten Sinn für Wind, Wetter und See und ihren Einfluß auf das Schiff, etwas, das für einen erfolgreichen Kommandanten unentbehrlich ist. Sie gibt dem Menschen überhaupt das Erlebnis der See in der reinsten Form. Sie zeigt ihm, wie abhängig er doch von der Natur und ihren Gewalten ist. Dadurch macht sie ihn geduldig und bescheiden. Sie verlangt Härte gegen sich selbst, Zähigkeit und Mut, richtige Kameradschaft in der Zusammenarbeit auf ein gemeinsames Ziel. Kurz: sie bringt so deutlich, wie es eigentlich kein anderer Teil der Ausbildung tun kann, den Charakter zum Vorschein."

Natürlich können die jungen Seeleute in ihrer drei- oder viermonatigen Fahrenszeit auf der „Gorch Fock" nicht zu perfekten Seglern werden; das braucht Jahre – erst recht auf einem so großen „Windjammer". Aber zur Charakter- und Persönlichkeitsbildung trägt diese Zeit ganz sicher bei. Junge Menschen werden in Situationen geführt, die sie ihre Grenzen erkennen lassen. Sie erfahren – was ja durchaus nicht jeder von vornherein von sich weiß –, wie sie sich in Augenblicken verhalten, die den ganzen Mann erfordern. Sie gewinnen Vertrauen in die eigene Kraft. Die direkte Begegnung mit den Elementen hat auch ihre genaue Kenntnis zur Folge; man lernt sie zu nutzen, lernt sie gleichsam zu überlisten und ist aus der Erfahrung heraus in der Lage, bei sich jäh ändernden Situationen schnelle Entscheidungen zu treffen. Entscheiden bedeutet aber auch: bereit sein, Verantwortung zu übernehmen.

Innere Führung

Von der damaligen Dienststelle Blank wurden die Grundsätze für die „Innere Führung“ erarbeitet. Sie dienten dem Ziele, den Staatsbürgern in Uniform zum Symbol für moderne Menschenführung innerhalb der Streitkräfte werden zu lassen. In der Marine hat es ernsthafte Probleme der Inneren Führung niemals gegeben. Das enge Zusammenleben an Bord und das gemeinsame Erleben zwangen von jeher zur Teamarbeit und menschlichen Toleranz. Das Bewußtsein, auch in Gefahrensituationen unausweichlich in einem Boot zu sitzen, ließ Ausnahmen garnicht erst aufkommen. Der hohe Leistungsstand, den heute die Besatzungen aller aktiven Einheiten tagtäglich beweisen, zeigt am deutlichsten, daß man die Grundsätze der Inneren Führung wohl verstanden hat.

Über wohl keine Problematik im Zusammenhang mit dem personellen Aufbau und der Entwicklung der Bundeswehr ist in den letzten zwanzig Jahren leidenschaftlicher diskutiert worden als über die „Innere Führung“, die der Öffentlichkeit anfänglich unter dem Begriff „Inneres Gefüge“ (der Bundeswehr) vorgestellt worden war.

Die „Innere Führung“, seinerzeit in der Dienststelle Blank von den damals leitenden ehemaligen Offizieren, unter ihnen Major a. D. Graf von Baudissin als verantwortlichen Bearbeiter, aus der Taufe gehoben, sollte auf der Basis des ebenfalls neu konzipierten „Staatsbürgers in Uniform“ die Entwicklung und Anwendung der Methoden moderner Menschenführung im militärischen Bereich zum Ausdruck bringen und die Grundsätze für Bildung und Ausbildung, Fürsorge und Personalführung umfassen. So jedenfalls zitiert es das Weißbuch 1970 zur Sicherheit der Bundesrepublik Deutschland und zur Lage der Bundeswehr.

Wie das Weißbuch 1970 weiter feststellt, hat sich dieses Konzept bewährt. Lehren aus der Vorkriegs- und Kriegszeit waren in den Zwischenjahren ausgewertet worden und in das neue Konzept einzubringen. Insbesondere hatten sich die Umweltbedingungen, nicht nur in Deutschland, nach dem Kriege durchgreifend geändert. So war auch die junge Generation der Nachkriegsjahre, die für einen Dienst in der Bundeswehr heranstand, unter weitgehend andersartigen Voraussetzungen und Vorstellungen herangewachsen, als ihre Vorgänger. Dem hatte die Bundeswehr ebenso Rechnung zu tragen, wie es allgemein in unserem Lande, bis in die Familien hinein, zu geschehen hat.

Man kann heute vielleicht sagen, daß über die Innere Führung und den Staatsbürger in Uniform zuviel theoretisiert worden sei. So sagt auch das Verteidigungs-Weißbuch 1971/1972 aus: „Die innere Führung bedarf nicht immer neuer Interpretationen“.

Ein deutlicher Beweis dafür, daß die Problematik der Inneren Führung heute in der Bundeswehr realistisch gesehen wird, ist die Schule der Bundeswehr für Innere Führung in Koblenz selbst. Diese Schule wurde im Jahre 1956 gegründet. Nach der ursprünglichen Konzeption sollte sie den Fragen der Inneren Führung mit wissenschaftlichen Methoden nachgehen und deren Grundsätze lern- und lehrbar machen. Ferner wurde ihr die Aufgabe gestellt, alle Kommandeure, Kompaniechefs und Kompaniefeldwebel in Lehrgängen auf die Praxis moderner Menschenführung in den Streitkräften vorzubereiten. Diese Vorstellungen konnten jedoch nicht in vollem Umfang verwirklicht werden, da es auf die Dauer nicht möglich war, genügend Teilnehmer für die Lehrgänge freizustellen. Auch war der Besuch der Schule zu keiner Zeit zwingend in den Ausbildungsplan der Offiziere und Unteroffiziere eingefügt. Die Schule für Innere Führung erhielt daher neue, ihren Möglichkeiten entsprechende Aufgaben. Sie führt von Zeit zu Zeit Kommandeurtagungen durch, bildet Lehroffiziere der Bundeswehrschulen aus, schult Offiziere in Fragen der Personalführung und hält nach Bedarf Infomationstagungen für die Öffentlichkeit ab.

Das Verteidigungs-Weißbuch 1973/1974 verzichtet darauf, auf die Problematik der Inneren Führung näher einzugehen. Es weist vielmehr auf „Hilfen für die Innere Führung" hin, die in einer zentralen Dienstvorschrift vom August 1972 als Leitsätze für die Führung und Ausbildung herausgestellt wurden. In offener Weise äußert das Weißbuch dazu, daß sich die „Innere Führung" in der Truppenpraxis zwar durchaus bewährt habe, aber eine fast uferlose Diskussion Sinn und Zweck dieses Führungsmittels zu verzerren drohe.

In der Marine hat es ernsthafte Probleme der Inneren Führung niemals gegeben. Das enge Zusammenleben und das gemeinsame Erleben an Bord hat die Besatzungen von jeher nicht nur auf Teamarbeit angewiesen, sondern sie auch menschlich zusammenrücken lassen. Das Bewußtsein, in jeder Lage, auch in Gefahrensituationen, buchstäblich und unabänderlich „in einem Boot" zu sitzen, hat ernsthafte Probleme des Zusammenlebens von Menschen in unterschiedlicher Verantwortung – von Ausnahmen abgesehen – gar nicht erst aufkommen lassen. Sicherlich gibt es in der Marine keine „besseren Menschen" als ringsum. Sie haben es nur ein wenig leichter, weil das allen gemeinsame Element – die See – sie ständig verbindet.

Wenn Bundesminister der Verteidigung, Helmut Schmidt zum Thema Innere Führung am 27. Oktober 1971 in einer Ansprache an Marineangehörige in Wilhelmshaven erklärte: „Es ist dort nicht nötig, über Innere Führung intellektuellen oder pädagogischen Streit auszufechten, wo ein Mann die Truppe führt und trägt, der als Person bescheiden hinter seiner Aufgabe zurücktritt, durch Verständnis und kooperative Bereitschaft gegenüber seinen Soldaten ihnen nicht nur das Gefühl menschlicher Geborgenheit, sondern auch die Gewißheit gibt, gehört und verstanden zu werden", so kann man dem nur zustimmen. Letztlich sind persönliches Vorbild, überlegenes Können und menschliches Verständnis des Vorgesetzten für die ihm anvertrauten Soldaten auch heute noch Schlüssel zu vertrauensvoller Zusammenarbeit, hohem Leistungsstand und einer guten persönlichen Atmosphäre in jeder Truppeneinheit.

Gemeinsame Bundeswehraufgaben

Alle drei Teilstreitkräfte der Bundeswehr haben nicht nur in den „Zentralen Militärischen Bundeswehr-Dienststellen“ gemeinsame Aufgaben zu übernehmen. Auch in den Bundeswehrämtern, den Ausbildungsinstituten, den NATO- und nationalen Dienststellen der Bundesrepublik im Ausland sind Heer, Luftwaffe und Marine vertreten. Das gilt auch für die Besetzung der Verteidigungsattaché-Stäbe. Außerdem unterhält die Bundesrepublik Unterstützungs- und Verbindungsstäbe, die mit Soldaten aller drei Teilstreitkräfte besetzt sind.

Die Ausbildung in der Marine, ebenso wie auch im Heer und in der Luftwaffe, stützt sich auf Grundsätze, die für alle drei Teilstreitkräfte gemeinsam anwendbar und daher in verbindlichen Weisungen der militärischen Führung an die gesamte Bundeswehr niedergelegt sind. Das ist sinnvoll, weil die Bundeswehr als größte staatliche Institution in der Bundesrepublik in sich geschlossen auf solider gemeinsamer Grundlage stehen muß, um nach einheitlichen Führungsgrundsätzen und -maßnahmen wirksam eingesetzt werden zu können. Erfolgreiche Einsätze der Bundeswehr in Katastrophen- und Unglückfällen der vergangenen Jahre, bei denen zahlreiche Menschenleben gerettet wurden und vielen Menschen geholfen werden konnte, haben gegenüber weiten Kreisen der Öffentlichkeit die Effektivität der Bundeswehr unter Beweis gestellt und mit Recht verbreitete Anerkennung gefunden. Die Anwendung des Grundsatzes möglichst weitgehender Gemeinsamkeit innerhalb der Bundeswehr, wie sie bei derartigen Einsätzen sichtbar zum Ausdruck kommt, bedingt, daß in einer ganzen Reihe von Dienststellen und Einrichtungen der Bundeswehr, bis zu ihrer höchsten Führungsspitze, alle drei Teilstreitkräfte vertreten sind, wobei in größeren Dienststellen dieser Art in etwa der Schlüssel 6 : 3 : 1 für die Beteiligung von Heer, Luftwaffe und Marine gilt, d. h. ein Verhältnis, wie es in etwa der tatsächlichen, relativen Größe der drei Teilstreitkräfte entspricht.

Die im allgemeinen mehrjährige Tätigkeit in diesen „Zentralen Militärischen Bundeswehr-Dienststellen“, die in einem eigenen Organisationsbereich zusammengeschlossen sind und truppendienstlich dem Stellvertreter des Generalinspekteurs der Bundeswehr unterstehen, erfreuen sich bei den dorthin versetzten Soldaten unterschiedlicher Beliebtheit. Der Grad der Beliebtheit variiert parallel zu der Anziehungskraft, d. h. dem tatsächlichen oder überlieferten „Flair“, das diesen Dienststellen anhaftet. Vielleicht zeigt am besten eine kurze Aufzählung einiger von ihnen, worauf sich diese unterschiedliche Bewertung gründet.

Der umfangreiche Bereich der Zentralen Militärischen Bundeswehr-Dienststellen ist komplex. Nicht unmittelbar zu dem Bereich gehörig rangiert der „Führungsstab der Bundeswehr“ im Bundesministerium der Verteidigung, der ebenfalls „gemischt“ besetzt ist, d. h. in dem Soldaten aller drei Teilstreitkräfte Dienst tun. Auf den nachfolgenden Ebenen gibt es eine Anzahl von Bundeswehr-Ämtern und administrativen Dienststellen. Daneben sind im Inland verschiedene Ausbildungseinrichtungen und Dienststellen mit Absicherungsaufgaben vorhanden, im Ausland deutsche Vertretungen bei NATO-Dienststellen, z. B.

in Belgien, Holland und Dänemark, logistische Dienststellen, besonders in den USA, und zahlreiche Militärattaché-Stäbe bei den diplomatischen Vertretungen der Bundesrepublik.

Zu den Bundeswehr-Ämtern und weiteren Bundeswehr-Dienststellen gehören u. a.

- das STREITKRÄFTEAMT in Bonn-Bad Godesberg
- das MATERIALAMT DER BUNDESWEHR in St. Augustin bei Bonn
- das AMT FÜR SICHERHEIT DER BUNDESWEHR in Köln mit der GRUPPE DES MILITÄRISCHEN ABWEHRDIENSTES (MAD)
- das PERSONALSTAMMAMT DER BUNDESWEHR in Köln
- das MILITÄRGESCHICHTLICHE FORSCHUNGSAMT in Freiburg/Breisgau mit dem WEHRGESCHICHTLICHEN MUSEUM in Rastatt
- das MILITÄRGEOGRAPHISCHE AMT in Bonn-Bad Godesberg
- das AMT FÜR FERNMELDEWESEN DER BUNDESWEHR in Ahrweiler/Ahr
- der STAB FÜR STUDIEN UND ÜBUNGEN DER BUNDESWEHR in Bensberg b. Köln
- die TRANSPORT-DIENSTSTELLE SEE in Hamburg mit der Weiterleitungsstelle See der Bundeswehr in Bremerhaven
- kleinere Dienststellen und Einheiten der Bundeswehr mit Spezialaufgaben bis hin zu der „Big Band".

Zu den bundeswehrgemeinsamen Ausbildungseinrichtungen im Inland, die für die Marine besonders interessant sind, gehören unter anderem:

- die FÜHRUNGSAKADEMIE DER BUNDESWEHR in Hamburg, in die kürzlich auch die Aufgaben der bisherigen Stabsakademie der Bundeswehr aufgegangen sind
- die SCHULE DER BUNDESWEHR FÜR INNERE FÜHRUNG in Koblenz
- die SCHULE FÜR NACHRICHTENWESEN DER BUNDESWEHR in Bad Ems
- die LOGISTIKSCHULE DER BUNDESWEHR in Hamburg
- die SPORTSCHULE DER BUNDESWEHR mit ihren Abteilungen in Warendorf und in Sonthofen/Allgäu
- die HOCHSCHULEN DER BUNDESWEHR in Hamburg und in München.

Deutsche Vertretungen bei der NATO sind u. a. bei dem Militärausschuß der NATO in Brüssel, bei SHAPE in Casteau (Belgien) und bei AFCENT in Brunssum (Holland) eingerichtet. Hinzukommen sogenannte „Deutsche Anteile“, die bei anderen NATO-Behörden im In- und Ausland integriert sind, für die Marine besonders interessant die Stäbe in Oslo, Karup (Dänemark) und in Kiel-Holtenau. Die Zahl der Militärattaché-Stäbe bei den Botschaften der Bundesrepublik Deutschland im Ausland beläuft sich zur Zeit auf etwa 35, darunter eine ganze Reihe, in denen die Bundesmarine vertreten ist.

Besonders populär bei unseren Marinesoldaten aller Dienstgrade sind natürlich die NATO- und nationalen Dienststellen der Bundesrepublik im Ausland. Sie bieten denjenigen, die das Glück haben, in solche Dienststellen versetzt zu werden, und falls verheiratet, ihre Familien in die ausländischen Standorte mitnehmen können, Anziehungspunkte besonderer Art sowohl in dienstlicher wie auch persönlicher Beziehung. Voraussetzung für eine dienstliche Verwendung im Ausland ist allerdings eine fundierte Kenntnis der in Betracht kommenden Fremdsprache, im allgemeinen der englischen Sprache, die auch von der Ehefrau wenigstens insoweit beherrscht werden sollte, daß sie sich im normalen Gespräch unterhalten kann.

Ein längerer Aufenthalt im Ausland bringt freilich auch Probleme mit sich, vor allem wenn die ins Ausland versetzten Soldaten Familien mit schulpflichtigen Kindern haben. Diese Probleme lassen sich aber lösen, wenn die sich anbietenden Möglichkeiten für eine geregelte schulische Weiterbildung der Kinder von den Eltern voll genutzt werden. Manchmal kann eine gewisse Einschränkung des normalen Familienlebens erforderlich werden, z. B. die Notwendigkeit, das eine oder andere Kind in der Heimat auf ein Internat zu geben. Neuerdings sind aber internationale Schulen an vielen Plätzen eingerichtet, an denen sich größere NATO-Stäbe und sonstige internationale Dienststellen befinden.

Besonderes Interesse verdient die Problematik der Beteiligung der einzelnen Teilstreitkräfte an der Wahrnehmung gemeinsamer Bundeswehraufgaben dort, wo es um die Besetzung von militärischen Spitzenstellen geht. Hierbei ist das vorher zitierte Zahlenverhältnis von 6 : 3 : 1 keineswegs allein ausschlaggebend. Ebenso wenig ist in der Bundeswehr, wie es in den Streitkräften anderer Länder zum Teil üblich ist, ein turnusmäßiger Wechsel (Heer, Luftwaffe, Marine usw. in regelmäßiger Reihenfolge) Grundlage für derartige bedeutsame Personalentscheidungen. Vielmehr gilt an dieser Stelle in besonderem Maße das Eignungs- und Leistungsprinzip.

Zur Zeit befindet sich die Marine in dieser Hinsicht in einer beneidenswerten Lage. Als Admiral Armin Zimmermann am 1. April 1972 Generalinspekteur der Bundeswehr wurde, übernahm erstmalig ein Marineoffizier die militärische Führung aller deutschen Streitkräfte. Nach den Heeres-Generalen Heusinger, Foertsch, Trettner und de Maizière wurde Admiral Zimmermann mit Übernahme des Amts des Generalinspekteurs zugleich ranghöchster Offizier der Bundeswehr, was von der Marine verständlicherweise mit Stolz und Freude aufgenommen wurde. Mit seiner Nominierung wurde zudem auch offenkundig, daß nach dem „Bundeswehr-Prinzip“ Soldaten aller Teilstreitkräfte „den Marschallstab im Tornister tragen“, d. h., daß auch Spitzenstellen der Bundeswehr, unabhängig von der Waffenfarbe, jedem offenstehen, der sich für die Wahrnehmung derartiger Führungsaufgaben qualifiziert. Daß dies auch für den Sanitätsdienst zutrifft, beweist die Tatsache, daß der derzeitige Inspekteur des Sanitäts- und Gesundheitswesens in der Bundeswehr, den Inspekteuren des Heeres, der Luftwaffe und der Marine gleichgestellt, zur Zeit ebenfalls Marineoffizier ist – Admiral-Oberstabsarzt Dr. Hans-Georg Stemann ist erster Marinearzt in dieser Dienststellung. Auch in weiteren hohen Führungsstellen im Bundesministerium der Verteidigung, die sowohl mit Heeres-, Luftwaffen- oder Marineoffizieren, zum Teil auch mit gleichrangigen hohen Beamten besetzt sein können, sind Marineoffiziere im Admiralsrang eingesetzt.

In zahlreichen Verteidigungsattaché-Stäben bei den Deutschen Botschaften im Ausland sind Offiziere und Unteroffiziere der Marine tätig. Ihre Aufgabe ist es, die Verbindungen von den jeweiligen ausländischen Marinen zur Bundesmarine und umgekehrt zu pflegen und – soweit es angebracht ist – gegenseitig Hilfestellung zu leisten. Hilfeleistungen sind dann besonders bedeutsam, wenn Ausbildungshilfe oder materielle Unterstützung im Ausland in Anspruch genommen wird. Da die Möglichkeiten auf diesen beiden Gebieten in der Bundesrepublik beschränkt sind, wird von ausländischer Hilfe in vielen Fällen Gebrauch gemacht. Die amerikanischen Streitkräfte haben hierzu sogar seit 1956 einen ständigen Unterstützungsstab in der Bundesrepublik, wie übrigens auch in einer Anzahl anderer Länder, eingerichtet. Diese „Military Assistance Advisory Group“, die zur US-Bootschaft in Bonn gehört und mit Angehörigen der US-Streitkräfte besetzt ist, hat in den Aufbaujahren der Bundesmarine in vielen Fällen in vorbildlicher Weise geholfen.

Von den drei Militärattaché-Gruppen bei den deutschen Botschaften im Ausland, deren Leiter im Generals-/Admiralsrang stehen, nämlich in Washington, Paris und London, sind zur

Zeit zwei Stellen mit Admiralen der Bundesmarine besetzt. Der Aufgabenbereich der Militärattachés schließt alle drei Teilstreitkräfte ein, auch das umfangreiche Gebiet der Militärpolitik. Auf diesem Gebiet beraten die Militärattachés, auf dem Dienstweg über ihre Botschafter und das Auswärtige Amt, den Bundesminister der Verteidigung

Die blaue Uniform ist in allen Bereichen der Bundeswehr vertreten, die außerhalb der Teilstreitkraft Marine liegen und sich zum Teil im Ausland befinden. Rund 400 Marinesoldaten gehören zum Territorialheer (früher „Territoriale Verteidigung"), rund 1450 Marinesoldaten tun in Zentralen Militärischen Dienststellen der Bundeswehr, einschließlich dem Bundesverteidigungsministerium, Dienst.

Aufbaujahre

Die Aufbaujahre brachten nicht allein zeitliche Probleme mit sich. Die Zwangspause von 1945 bis 1955 wirkte sich auch auf fehlendes technisches „Know how“ aus. Die einst so leistungsfähige deutsche Werftindustrie war ausgeschaltet, namhafte Fachkräfte und Konstrukteure in alle Winde zerstreut. Es kam auf viel Koordinationsgeschick an, um die Schwierigkeiten zu überwinden. Parallel mit dem Beschaffungsprogramm für Kriegsschiffe mußte auch der Aufbau der Marinefliegerverbände vollzogen werden. Hierbei leistete besonders die britische Luftwaffe entscheidende Hilfe. In dieser Phase wurde die Bundesmarine von dem bisher schwersten Unglück betroffen: Das Schul-U-Boot „Hai“ sank am 14. September 1966 nordwestlich von Helgoland in schwerem Sturm.

In den ersten Jahren des Aufbaus der Bundesmarine hatte es sich gezeigt, daß es trotz aller sorgfältigen Vorbereitungen ausgeschlossen war, eine moderne Flotte in wenigen Jahren aus dem Nichts zu schaffen. Die Probleme lagen in gleicher Weise auf materiellem und personellem Gebiet.

Dabei war keineswegs der Zeitfaktor allein für diese Entwicklung ausschlaggebend. In erster Linie waren es der Verlust an Erfahrung nach dem Zusammenbruch im Jahre 1945, die Auflösung der Deutschen Wehrmacht und damit auch das Ende des deutschen Kriegsschiffsbaus, dessen Leistungsfähigkeit jahrzehntelang in der ganzen Welt anerkannt war. Die Werftindustrie war vernichtet, die Fachkräfte in alle Winde zerstreut, die Bereitschaft der Bevölkerung, der Schaffung neuer deutscher Streitkräfte zuzustimmen, auf den Nullpunkt abgesunken.

Wenn es trotz dieser schwierigen Ausgangslage gelang, in wenigen Jahren deutsche Marinestreitkräfte bereitzustellen, die in der Lage waren, einen wenigstens bescheidenen ersten Beitrag zur Verteidigung des Bündnisses zu leisten, so war dies nur durch unbürokratische Maßnahmen und Entscheidungsfreudigkeit der damals Verantwortlichen möglich. Freilich entsprachen die in jener Zeit vielfach verspotteten kleinen alten Schiffe und Boote sowie Hilfsfahrzeuge nicht hohen Anforderungen. Als erste Generation der Seestreitkräfte der Bundesmarine waren sie jedoch unter den damaligen Umständen gut brauchbar und geeignet, den schrittweisen Zulauf moderner Schiffe und Boote zu fördern. Auf diesem Wege konnte man die Durststrecke der Anfangsjahre überbrücken.

Eine Realisierung dieser ersten Planungen wäre sicherlich nicht möglich gewesen, wenn nicht die seinerzeit verantwortlichen Ressortminister, Theodor Blank und Franz-Josef Strauß, mit Unterstützung von Bundesregierung und Parlament, die umfangreichen Aufbaumaßnahmen in allen drei Teilstreitkräften zu ihrem eigenen Anliegen gemacht hätten. Diese beiden Minister trugen in den ersten sieben Jahren nach Aufstellungsbeginn die Verantwortung für die Bundeswehr und ihren ersten Aufbau. Die Namen der nachfolgenden Bundesminister, Kai-Uwe von Hassel und Dr. Gerhard Schröder, bleiben verbunden mit den Phasen der Konsolidierung und Modernisierung, die von den Verteidigungsministern Helmut Schmidt und Georg Leber fortgesetzt wurden.

In den ersten Aufbaujahren kam es der Führung der Bundesmarine vor allem darauf an, den von verschiedenen Seiten übernommenen ersten Schiffen und Booten möglichst bald weitere Einheiten, insbesondere erste Neubauten, folgen zu lassen. Das war nicht einfach, obwohl Bundesfinanzminister und Parlament ausreichende Geldmittel freigegeben hatten, und das Genehmigungsverfahren für die Anfangsvorhaben um vieles unbürokratischer gehandhabt wurde als in späteren Jahren.

Der wohl vorbereitete materielle Aufbau der ersten Marinefliegerverbände verlief vergleichsweise unproblematisch, da für die Anfangszeit geeignete Flugzeuge verschiedener Typen aus ausländischen Lieferungen, vor allem in Großbritannien, angekauft werden konnten, die jahrelang als Einsatz-, Verbindungs- und Seenotflugzeuge gute Dienste leisteten. Die Marineflieger, auf ihre Aufgabe gründlich vorbereitet, bekamen die unkomplizierten, zuverlässigen Flugzeugtypen bald in den Griff. Unfälle gab es glücklicherweise kaum. Große Verdienste um den Aufbau der Marineflieger erwarb sich insbesondere Kapitän z. S. Walter Gaul, der bei Kriegsende Verbindungsoffizier der Luftwaffe zur Operationsabteilung der Seekriegsleitung gewesen war. Bereits in der Dienststelle Blank lagen die Vorbereitungen für die Aufstellung der Marinefliegerverbände in seiner Hand. Er wurde dann auch erster Kommandeur der Marineflieger. Die britische Marine unterstützte die Ausbildung der Marineflieger, später äußerst wirkungsvoll dadurch, daß Captain (Royal Navy) Eric Brown, hervorragender Fliegeroffizier und Testpilot der britischen Luftwaffe und Marine, von Anfang 1958 an über mehrere Jahre an Ort und Stelle, in Kiel und Schleswig-Jagel mit seinen großen Erfahrungen zur Verfügung stand.

In den Aufbaujahren hatte die Marine und mit ihr die deutsche Öffentlichkeit ein verhängnisvolles Unglück zu beklagen: Am 14. September 1966 sank gegen 18.00 Uhr bei schwerem Wetter, rund 138 Seemeilen nordwestlich von Helgoland, das Schul-U-Boot „Hai“ (OLt z. S. Wiedersheim) mit 19 Mann. Nur Obermaat Silbernagel konnte nach 13 Stunden von dem britischen Trawler „St. Martin“ aus der kochenden See lebend geborgen werden.

Das U-Boot, ein Kriegsbau des Jahres 1944 (Typ XXIII), war nach gründlicher Überholung und Modernisierung am 15. August 1957 von der Bundesmarine für Schulzwecke in Dienst gestellt worden. Seine Wasserverdrängung betrug 233 ts. In der Unglückszeit gehörte es zu einem Verband, der aus dem Tender „Lech“, dem Sicherungsboot „Passat“ sowie den U-Booten „U3“ und „Hecht“ bestand. Bestimmungshafen war Aberdeen.

„Hai“ war – an der Spitze laufend – außer Sicht gekommen, da „Hecht“ eine Schraubenhavarie hatte und von „Lech“ geschleppt werden mußte. Dem Abreißen der Funkverbindung wurde unter den herrschenden Wetterverhältnissen keine besondere Bedeutung beigemessen. So konnte die großangelegte Suchaktion erst mit einiger Verspätung anlaufen.

Erst am 18. September konnte das Wrack des U-Bootes in 47 Meter Tiefe geortet werden. Wesentliche Hilfe leisteten dabei britische Fregatten. Bis zum 21. morgens gelang die Bergung. Der Schwimmkran „Magnus III" brachte das Boot nach Emden. Die feierliche Beisetzung der 19 Toten fand unter starker Anteilnahme der Bevölkerung am 23. September in Neustadt statt. Der amtliche Bericht zur „Hai"-Katastrophe hat folgenden Wortlaut:

A. Seetüchtigkeit des U-Bootstyps 240 („Hai" und „Hecht")

1. Die Boote des Typs 240 sind kentersicher und jedem Wetter gewachsen.
2. Hinsichtlich der Sicherung der Schwimmfähigkeit in der friedensmäßigen Überwasserfahrt ist das verhältnismäßig geringe relative Reservedeplacement kennzeichnend. – Sofern alle vorhandenen technischen Anlagen intakt sind und der Lage entsprechend benutzt werden, ist es trotzdem nicht denkbar, daß ein Boot vom Typ 240 aus der Überwasserfahrt in Verlust gerät.

B. Ursache des Untergangs „U-Hai"

1. Es wird angenommen, daß die festgestellte Undichtigkeit der Tauchzellenentlüftung 1 erst eine Folge, jedoch keine Ursache des Untergangs von „U-Hai" ist.
2. Das Abblasen des Überdrucks der Tauchzellen als Folge des Seegangs in Verbindung mit einer Teilflutung der Tauchzelle 2 durch undichte Ventile verringerte den Restauftrieb des Bootes.
3. Es wurden keine weiteren Mängel an den technischen Anlagen festgestellt, ein Wassereinbruch über ein Leck scheidet als Unfallursache aus.
4. Die Katastrophe wurde vermutlich dadurch eingeleitet, daß über den in halber Turmhöhe liegenden Luftabnahmestutzen des eingefahrenen Schnorchels ziemlich unbemerkt soviel Wasser in die Maschinenraumbilge eintreten konnte, daß der Restauftrieb des Bootes noch weiter vermindert wurde und eine Achterlastigkeit eintrat.
   Wäre der tauchklare Zustand hergestellt worden, dann wäre auch der Restauftrieb erhalten geblieben.

   Die ungewohnte Vermehrung des Tiefgangs sowie die ungewohnte Achterlastigkeit bei Überwasserfahrten konnten in

Verbindung mit dem Wassereintritt über Luftabnahmestutzen vermutlich den Eindruck entstehen lassen, daß ein Wassereinbruch durch ein Leck erfolgte.

5. Weitere Wassermengen konnten, begünstigt durch das Arbeiten des Bootes im Seegang und die längere Überflutung aufgrund des eingetretenen geringeren Freibords, sowohl über das Ventil des vermutlich erst im letzten Augenblick geschlossenen Luftabnahmestutzens als auch über das Turmluk ins Boot gelangen.
6. Da offensichtlich ein Leck als Ursache des Wassereintritts angenommen wurde, sind auch jetzt keine Maßnahmen mehr zur Sicherung des Restauftriebs ergriffen worden. Dadurch kam das Turmluk bei bereits eingetretener starker Achterlastigkeit zu Wasser und das Boot ist durch die offengebliebenen Absperrungen des Einsteigeschachtes (Turmluk, Zentralluk, Sprachrohr) vollgelaufen.

Die Sachverständigen werden ihren Abschlußbericht der Staatsanwaltschaft nach Fertigstellung der umfangreichen Anlagen vorlegen.

Mit Rücksicht auf die noch laufenden staatsanwaltlichen Ermittlungen kann das BMVtdg im gegenwärtigen Zeitpunkt zu dem vorliegenden Bericht keine weitere Stellungnahme abgeben.

Zum allgemeinen Verständnis des vorliegenden Berichts werden die darin enthaltenen U-Boots-technischen Fachausdrücke nachstehend erläutert:

Zu A 1)

Mit Typ 240 werden die beiden in den Jahren 1944/45 als Typ XXIII erbauten U-Boote „Hai“ und „Hecht“ nach ihrer 1962 erfolgten Modernisierung und Vergrößerung bezeichnet.

Zu A 2)

Relatives Reservedeplacement: Das Reservedeplacement bei einem U-Boot ist das Tauchzellenvolumen, das bei Überwasserfahrt mit komprimierter Luft gefüllt ist. Diese Luft entweicht zum Tauchen durch das Öffnen der sog. Tauchzellenentlüftungen. Dadurch werden die Tauchzellen von unten her durch die Flutschlitze mit Wasser gefüllt. Das Verhältnis des Tauchzellenvolumens zum Volumen des Bootes (Deplacement) nennt man das relative Reservedeplacement.

Zu B 1)

Tauchzellen: Der Typ 240 hat 3 Tauchzellen. Tauchzelle 1 hinten, Tauchzelle 2 in der Mitte, Tauchzelle 3 vorn.

Zu B 2)

Abblasen des Überdrucks der Tauchzellen und Restauftrieb: Bei schwerem Seegang bewegt sich das Boot so stark, daß die Flutschlitze der Tauchzellen zeitweise an die Wasseroberfläche kommen. Die komprimierte Luft kann dann teilweise entweichen. In diesem Falle verringert sich durch den Luftverlust in der Tauchzelle der Restauftrieb.

Zu B 4)

Luftabnahmestutzen: Der LASt befindet sich bei normaler Schwimmlage 1,5 m über der Wasserlinie innerhalb der Turmverkleidung. Über ihn kann bei Überwasserfahrt Frischluft in den Dieselmotorenraum zugeführt werden. Seine wesentliche Funktion ist dic Verbindung zum ausgefahrenen Schnorchelmast bei Unterwasserfahrt. Wird bei Unterwasserfahrt Frischluft benötigt, so wird sie über den Schnorchel angesaugt. Tauchklar ist ein U-Boot, wenn alle Druckkörperdurchbrechungen (Ventile, Schieber, Luken pp.) geschlossen sind.

87 Neubauten

Nach Erfüllung der ersten Rate des Schiffbauprogrammes konnten bis 1961 immerhin 87 Neubauten in Dienst gestellt werden. Darunter auch das erste Geleitboot der Köln-Klasse, das sich durch seinen gemischten Gasturbinen-Dieselantrieb auszeichnete. Außerdem konnten sechs Leihzerstörer von der US-Marine übernommen werden, die hervorragende Dienste in der Ausbildung der Kampfschiffbesatzungen leisteten. Ende 1960 standen der Marine bereits 195 Fahrzeuge und 69 Marineflugzeuge zur Verfügung. 26 000 Soldaten trugen den blauen Rock.

Die amerikanischen Streitkräfte richteten zur Unterstützung aller drei Teilstreitkräfte der Bundeswehr bei Aufstellungsbeginn in ihrer Botschaft in Bonn eine ständige Gruppe militärischer Fachleute ein, in Sektionen Heer, Marine, Luftwaffe aufgeteilt, die mit Rat und Tat Hilfe in erster Linie für die umfangreichen materiellen US-Lieferungen, aber auch wertvolle Ausbildungshilfen leisteten. Diese als Military Assistance Advisory Group (MAAG) bekannt gewordene Gruppe ist auch in einer Anzahl anderer Länder der westlichen Welt in ähnlicher Weise tätig.

Andere befreundete Länder, wie Frankreich und Italien, die der Bundeswehr in den ersten Aufstellungsjahren behilflich waren, leisteten ebenfalls wertvolle Unterstützung über die Militärattachés (Heeres-, Marine-, Luftwaffenattachés) bei ihren Bonner Botschaften. Im Laufe der Jahre ergab sich zwischen der Bundeswehr und den in Bonn vertretenen Attachés der befreundeten Länder, ein sehr erfreuliches, kameradschaftliches Verhältnis, das nicht nur die sachliche Arbeit leistete, sondern auch zu bleibenden, dienstlichen Kontakten und persönlichen Freundschaften führte.

Der Schiffbauplan, der in den Haushaltsplänen 1955 und 1957 in zwei Raten verankert werden konnte, war Basis für den materiellen Aufbau der Marine, der auf den vertraglichen Abmachungen mit den Verbündeten beruhte, und den NATO-Forderungen entsprach, soweit die verfügbaren Geldmittel für eine Realisierung ausreichten. Hier waren an einigen Stellen Kompromisse und Abstriche erforderlich. Der tatsächliche Zuwachs an schwimmenden Einheiten erfolgte dann schneller, als man zunächst erwartet hatte. Allerdings waren es zunächst kleinere Kampfboote und Kriegsfahrzeuge, die in den ersten Jahren zuliefen. Bei einigen stellten sich in der Anfangsphase erhebliche technische Mängel heraus, die nicht nur „Kinderkrankheiten" waren, sondern auch zeigten, wie schwierig es war, nach mehr als zehnjähriger zwangsläufiger Unterbrechung bei „weniger als null" wieder anzufangen. Diese Mängel beinhalteten nicht nur technische Unzulänglichkeiten, die sich während des Baus herausstellten, sondern wirkten sich auch auf Terminverzögerungen in zum Teil großem Umfang und auf finanzielle Mehrkosten aus, die einen geordneten Aufbau der Marine, so wie er geplant war, sehr erschwerten. Erfreulicherweise betrafen diese Unzulänglichkeiten nicht so sehr den Bau der ersten Schnellboote und Schnellen Minensuchboote. Im Schnellbootbau konnten die beauftragten Werften auf Pläne unserer bewährten letzten Kriegsboote zurückgreifen, von denen auch nach dem Kriege die Lürssen-Werft einige Boote in kaum veränderter Form für die britische Marine nachbaute. Ähnlich lagen die Verhältnisse bei den Schnellen Minensuchbooten, die weitgehend auf den Plänen der Minenräumboote des Zweiten Weltkrieges fußen konnten. Der größere Typ der Küstenminensuchboote wurde nahezu vollständig dem NATO-Einheitstyp angepaßt. Bei dem Bau dieser drei Typen ergaben sich also schiffbaulich keine nennenswerten Probleme. Leider bereitete aber die Waffenausrüstung der Schnellboote noch auf Jahre hinaus große Sorgen, da die im Ausland beschafften Waffensysteme, obwohl durchaus konventioneller Art, erst nach langwierigen Versuchen und Erprobungen als vollwertig angesehen werden konnten. Für die Besatzungen der Boote bedeutete diese Einschränkung nicht nur längere Liegezeiten in Häfen und Werften, sondern auch das unbefriedigende Bewußtsein, auf Booten eingesetzt zu sein, deren Kampfkraft sich in einem Ernstfall nicht voll hätte auswirken können.

Am schlimmsten war der U-Bootsbau betroffen. In Anbetracht der geringen Wassertiefen der in Betracht kommenden Operationsgebiete in Nordsee und vor allem Ostsee, in denen die kleinen Küsten-U-Boote operieren sollten, hatte man sich im

Bundesministerium der Verteidigung aufgrund von technischen Gutachten für einen nichtmagnetischen Stahl für die Bootskörper entschieden. Damit sollten die Boote auch bei Unterwasserfahrt in geringen Wassertiefen gegen magnetische Grundminen geschützt werden. Dies entsprach den Forderungen der Marineführung. Nach der Indienststellung der ersten Boote stellte sich verhältnismäßig bald heraus, daß der nichtmagnetische Stahl der Bootskörper korrosionsanfällig war, d. h., daß sich allmählich Auflösungserscheinungen einstellten. Um ein Risiko für Boote und Besatzungen zu vermeiden, wurden zunächst Beschränkungen der Tauchtiefe der Boote von der Marineführung angeordnet. Später entschied man sich, die ersten sechs Boote durch konstruktiv gleichartige Boote mit einem Ferro-Stahl-Bootskörper zu ersetzen, so wie sie von den Nordseewerken in Emden zuvor für die norwegische Marine geliefert worden waren. Bei den Nachfolgebooten, die mit einem neuen nichtmagnetischen Stahl ausgerüstet waren, traten dann keine technischen Fehler mehr auf.

In den ersten fünf Jahren des Aufbaus der Bundesmarine konnten alles in allem 87 Neubauten in Dienst gestellt werden, und zwar

- ein Geleitboot der „Köln"-Klasse
- 32 Schnellboote der „Jaguar"-Klasse
- 24 Küstenminensuchboote des NATO-Einheitstyps
- 18 Schnelle Minensuchboote
- zwei Küstenwachboote
- das Segelschulschiff „Gorch Fock"
- acht Hafenschlepper und
- ein Eisbrecher.

Einschließlich der sechs US-Leihzerstörer der Fletcher-Klasse, der im Ausland angekauften Schiffe und Boote (Landungsboote und Schulfahrzeuge), der in der Bundesrepublik bei Aufstellungsbeginn übernommenen Minensuchboote usw. sowie einiger Tross-Schiffe und Hilfsfahrzeuge belief sich die Gesamtzahl der schwimmenden Einheiten der Bundesmarine am 31. Dezember 1960 auf 195 Fahrzeuge. Hinzu kamen 69 Marineflugzeuge, (36 Kampfflugzeuge, elf Seenotflugzeuge und 22 Dienst- und Schulflugzeuge).

Mit ihren rund 26 000 Soldaten hatte die Bundesmarine am Ende des 5. Aufstellungsjahres der Bundeswehr eine Größe erreicht, deren Umfang den der Reichsmarine der 20iger Jahre um weit mehr als die Hälfte der damaligen 15 000 Marinesoldaten übertraf.

Modernisierungsphase

Angesichts der rasanten waffentechnischen Entwicklung sah sich der Führungsstab der Marine schon Anfang der 60er Jahre veranlaßt, sich Gedanken über die weitere Modernisierung der Seestreitkräfte zu machen. Dabei ging es auch im wesentlichen um die Schaffung einer „ausgewogenen" Flotte, der sowohl leistungsfähige Kampfschiffe als auch Flugzeuge zur Verfügung stehen sollten. Parallel dazu natürlich auch die Führungseinrichtungen. Nach schon eingespieltem Verfahren wurden die Vorhaben in die Rüstungspläne aufgenommen, die den zuständigen Ausschüssen des Bundestages vorgelegt wurden.

Das Schiffbauprogramm kam in den folgenden Jahren mehr und mehr zum Zuge. Mit Indienststellung der ersten Zerstörer der Hamburg-Klasse und Geleitboote der Köln-Klasse, die Anfang der 60iger Jahre allmählich zuliefen und mit den vorangegangenen und folgenden Neubauten kleinerer Kampfboote begann die Marine, Gesicht zu erhalten.

Parallel hierzu liefen Untersuchungen mit dem Ziel an, die ersten Schiffbauprogramme durch Anschlußbeschaffungen zu ergänzen, da die in den Anfangsjahren übernommenen veralteten Schiffe und Boote durch moderne Einheiten ersetzt werden mußten, die dem neuesten, technischen Entwicklungsstand entsprachen. Da von dem tatsächlichen Planungsbeginn bis zur Indienststellung eines modernen Kriegsschiffsneubaus, so unglaublich dies manchem erscheinen mag, eine Zeit von rund zehn Jahren veranschlagt werden muß (davon mehr als die Hälfte für die Planungs- und Vorbereitungsphase vor dem Vertragsabschluß mit der Werft), konnten diese Überlegungen nicht früh genug einsetzen.

Wiederum waren es die Marineflieger, die als erste Einsatzverbände der Flotte mit modernem Großgerät ausgerüstet werden konnten.

Ebenso wie die Luftwaffe erhielten auch die Marineflieger das amerikanische Muster Lockheed F-104 G „Starfighter" und mit ihm ein komplexes Überschalldüsenflugzeug zur Aufklärung und zum Kampfeinsatz über See. Bei der Marine löste dieser Typ allmählich die seinerzeit von Großbritannien gelieferte „SEAHAWK" ab, ein zuverlässiges, inzwischen aber veraltetes Flugzeug, das den Marinefliegern in den Anfangsjahren gute Dienste geleistet und sich bei ihnen großer Beliebtheit erfreut hatte.

Der Übergang von der „langsamen" SEAHAWK auf den STARFIGHTER, der mehr als doppelte Schallgeschwindigkeit erreichen kann, brachte anfangs große Schwierigkeiten mit sich, die leider auch bei der Marine zu einer Anzahl tödlicher Abstürze führte. Erst gegen Ende der 60er Jahre konnte diese bedauerliche Situation von der Luftwaffe und Marine in gleicher Weise betroffen waren, durchgreifend gebessert werden. Wirksame Führungsmaßnahmen auf dem Gebiete der Flugsicherheit, besonders aber auch die allmähliche Gewöhnung von Piloten und Bodenpersonal an den zunächst schwer beherrschbar erscheinenden Flugzeugtyp ließen die Abstürze mehr und mehr zurückgehen und schließlich Unfälle fast ganz vermeiden. Heute ist der STARFIGHTER für Luftwaffe und Marine fliegerisch kein nennenswertes Problem mehr. Sicherlich ist der einsitzige STARFIGHTER mit nur einem Triebwerk kein ideales Marineflugzeug.

Er hat sich aber in der Flotte zu einem unentbehrlichen Einsatzmittel entwickelt, das mit seiner modernen Waffenausrüstung auch heute noch zu ihren kampfkräftigsten Einheiten gehört.

Mit dem Fernaufklärer und U-Boot-Jäger „Bréguet Atlantic“ erhielt die Marine Mitte der 60iger Jahre ein weiteres modernes Waffensystem. Auch bei diesem Flugzeugtyp, der sich im ganzen ausgezeichnet bewährte, traten am Anfang Schwierigkeiten auf, die in diesem Fall aber rein materiell bedingt waren. Bei dem von der französischen Firma Bréguet gelieferten Großflugzeug zeigten sich gewisse Korrosionserscheinungen an einzelnen Zellen des Flugkörpers, die zu Sorgen Anlaß gaben. Sie konnten, in einem allerdings recht aufwendigen Verfahren, verhältnismäßig bald behoben werden. Die „Bréguet Atlantic“ ist ein sehr verläßliches, „gutmütiges“ Flugzeug mit großem Aktionsradius, das – im Gegensatz zum STARFIGHTER – allwetterfähig ist. Sie hat dies auf zahlreichen Einsatzflügen über der Nordsee und dem Atlantik eindrucksvoll unter Beweis gestellt.

Den speziellen Planungen für Neubau- und Beschaffungsvorhaben, die natürlich immer in das Gesamtkonzept der Marine und der Bundeswehr einzuordnen sind, gingen – und gehen stets – sogenannten „Studien“ voraus, die von der zuständigen Planungsstelle im Führungsstab der Marine zu erarbeiten waren. Sinn dieser „Studien“ ist es, unter Beachtung der vertraglichen NATO- und WEU-Verpflichtungen Planungs- und Arbeitsgrundlagen zu erstellen, in denen auch die besonderen nationalen Verteidigungserfordernisse der Bundesrepublik die ihnen gebührende Berücksichtigung finden.

Nach Teilnahme an dem ersten internationalen Lehrgang bei dem US-Naval-War-College in Newport, USA, im Jahre 1957 wurde ich vom Führungsstab der Marine beauftragt, eine erste umfassende Studie zu erstellen, die eine Grundlage für künftige Planungsarbeiten bilden sollte. Herausragende Studie der folgenen Jahre wurde die sogenannte „Wegener-Studie“, genannt nach ihrem Schöpfer, Admiral Edward Wegener, seinerzeit Leiter der Führungsabteilung im Führungsstab der Marine und später NATO-Marinebefehlshaber im Bereich der Ostsee-Zugänge (COMNAV-BALTAP). Diese „Studien“ stellten zugleich die „Konzeption“ der Marine dar, die nach Genehmigung des Inspekteurs der Marine als verbindliche Grundlagen für die künftige Marineplanung galten. Sie fanden auch Eingang in die Lehrpläne für die höhere Marineausbildung, z. B. bei der Abteilung Marine Führungsakademie der Bundeswehr, um auf diese Weise die in die höhere Verantwortung einrückenden Marineoffiziere frühzeitig mit den Absichten der Marineführung vertraut zu machen. Dieses Verfahren hat sich vorzüglich bewährt.

In den folgenden Jahren wurde das Planungssystem aufgrund der vorliegenden Erfahrungen geändert. Heute laufen Studien und Konzeption getrennt voneinander. Studien sind, soweit insgesamt oder in einzelnen Abschnitten vom Bundesverteidigungsminister genehmigt, Grundlagen für die Konzeption, aus der sich wiederum die materiellen und finanziellen Forderungen für die Beschaffung künftiger Waffensysteme – wie man heute gern sagt – ergeben, im Falle der Marine also die Beschaffung von Schiffen, Booten, Marineflugzeugen und Führungseinrichtungen, einschließlich der zugehörigen Hilfsmittel. Soweit es sich nicht um Beschaffung besonderer Art handelt, so wie es z. B. bei dem dringend notwendigen Ersatz der materiell untauglichen, ersten U-Boote der Fall war, werden die Beschaffungsforderungen der Bundesmarine gemeinsam mit denen von Heer und Luftwaffe von Zeit zu Zeit in Rüstungsplänen verankert, die in ihrer Gesamtheit nach Genehmigung durch den Bundesminister der Verteidigung über den Bundesfinanzminister den zuständigen Ausschüssen des Bundestages, d. h. dem Verteidigungs- und Haushaltsausschuß, schriftlich vorgelegt und in abschließenden mündlichen Vorträgen erläutert werden. Erst nach Billigung durch das Parlament können die Beschaffungsvorhaben der Streitkräfte eingeleitet werden. D. h., es können dann Verträge mit den vorgesehenen Lieferfirmen vorbereitet und abgeschlossen werden, wobei im Fall von Beschaffungen im Ausland die zuständigen Regierungen, vertreten durch ihre Verteidigungsressorts, einzuschalten sind, die ihrerseits die Verantwortung für eine ordnungsgemäße Abwicklung der Aufträge übernehmen oder zumindest mit Rat und Tat Hilfe leisten.

Der Weg zum Flugkörperzerstörer

Entscheidendes Neuland betrat die Marine mit der Beschaffung von drei Flugkörperzerstörern modernster Bauart. Diese kampfkräftigen Einheiten stellen hinsichtlich ihrer elektronischen, technischen und waffentechnischen Ausstattung höchste Anforderungen an ihre Besatzungen. Um zu einer optimalen Lösung zu kommen, wurde auf die Bauvergabe an eigene Werften verzichtet und auf schon bewährtes Schiffsmaterial in den USA zurückgegriffen. Auf der Basis eines Regierungsabkommens entstanden dann die drei Neubauten, die sich auch gegenüber ihren amerikanischen Schwesterschiffen durch zahlreiche Verbesserungen auszeichneten.

In den Jahren von 1963 bis 1971 hatte ich Gelegenheit, einige der großen Modernisierungsprojekte der Bundesmarine im Verteidigungsministerium und in den Ausschüssen des Bundestages zu vertreten. Eine faszinierende Aufgabe auch deshalb, weil das Ergebnis der zum Teil jahrelangen Bemühungen keineswegs mit Sicherheit vorauszusehen war.

Zu den größten Marineprojekten der 60er Jahre gehörte die Beschaffung der drei Flugkörper-Zerstörer der „Lütjens-Klasse“ in den USA, die die Modernisierung der schwimmenden Verbände der Flotte einleiteten. Zu Beginn der 60iger Jahre war der Bau von Flugkörperzerstörern akut geworden, nachdem SHAPE, als das für die NATO-Verteidigung in Europa verantwortliche Oberkommando, die Bereitstellung dieser kampfkräftigen Einheiten durch die Bundesmarine gefordert hatte. Nach längeren Verhandlungen wurde festgelegt, daß von ihr mindestens sechs Flugkörperzerstörer zur Verstärkung der Verteidigung des nordeuropäischen Raums zu beschaffen und SHAPE zu assignieren seien. Später wurde diese Forderung auf drei Schiffe dieses Typs reduziert.

Im Führungsstab der Marine waren Überlegungen in dieser Richtung bereits Ende der 50iger Jahre angelaufen. Damals hatte SHAPE seine ersten Forderungen formuliert und neben den Flugkörperzerstörern auch zehn Korvetten von der deutschen Marine gefordert, die nach Auffassung der Marineführung ebenfalls mit Flugkörpern auszurüsten waren. Eine moderne Bewaffnung war für Neubauten dieser Größenordnung unumgänglich, da nahezu alle vergleichbaren Einheiten der verbündeten Marinen, besonders die der Sowjet-Marine, bereits damals mit Flugkörpersystemen ausgerüstet waren. Die Bundesmarine mußte diesen Schritt nachvollziehen, wenn sie einen der Größe und dem Ansehen der Bundesrepublik im Ausland angemessenen Beitrag zur Erfüllung der gemeinsamen Verteidigungsauftrages des NATO-Bündnisses auch in künftigen Jahren leisten wollte. Heer und Luftwaffe waren ihr in diesen Anfangsjahren technisch weit voraus, da sie bereits damals einen materiellen Ausrüstungszustand aufweisen konnten, der dem der verbündeten Streitkräfte durchaus entsprach, ihnen sogar zum Teil überlegen war.

Die Marineführung beabsichtigte zunächst, diese Flugkörperzerstörer gemeinsam mit der Abteilung Wehrtechnik des Bundesverteidigungsministeriums selbst zu entwickeln und von einer deutschen Werft bauen zu lassen. Entsprechende Vorarbeiten liefen an. Mehr und mehr zeigte sich aber im Laufe der Zeit, daß man sich mit diesem Vorhaben erheblich übernommen hatte. Man hatte bei weitem die Schwierigkeiten unterschätzt, die mit Integration eines Waffensystems wie der Flugkörperbewaffnung mit den zuständigen Ortungs- und Rechenanlagen in ein Schiff zusammenhängen. Praktische Erfahrungen lagen hierzu in der Marine nicht vor. Zwar waren an größeren Einheiten die Zerstörer der „Hamburg"-Klasse und die Fregatten der „Köln"-Klasse in der Bundesrepublik entwickelt und gebaut worden. Zwischen diesen Schiffstypen und den neu zu bauenden Flugkörperzerstörern lag aber geradezu eine Welt von Problemen. Während die ersten Nachkriegsbauten wenigstens in etwa an die Zerstörergeneration am Ende des Zweiten Weltkrieges angeschlossen, war mit den Flugkörperzerstörern ein völlig neuartiges Waffensystem zu entwickeln. Bei nüchterner Betrachtung mußte man damit rechnen, daß der tatsächliche Bau der neuen Schiffe, einschließlich der unumgänglichen langen Erprobungszeiten, selbst dann Jahre in Anspruch nehmen würde, wenn „alles glatt lief". Dieses Risiko konnte und wollte man aber nicht eingehen.

So kam es der Marineführung sehr entgegen, als die US-Marine, die diese Schwierigkeiten mitverfolgt hatte, im Sommer des Jahres 1964 an das Bundesverteidigungsministerium mit einem ungewöhnlichen Vorschlag herantrat: Eine eigens hierzu nach Bonn entsandte Delegation von Schiffbauexperten der US-Marineleitung schlug vor, das Problem durch ein sogenanntes „Schwesterschiff-Programm" zu lösen. Dieses Programm sah vor, gleichzeitig auf je einer Werft in den USA und in der Bundesrepublik einen Flugkörperzerstörer, der in der US-Marine fahrenden „Charles F. Adams"-Klasse zu bauen, von der bis dahin 27 Schiffe gebaut worden waren. Natürlich sollten die inzwischen gewonnenen technischen Erfahrungen und Neuerungen bei den vorgeschlagenen „Schwesterschiffen" berücksichtigt werden.

Die Zerstörer der „Charles F. Adams"-Klasse haben eine Wasserverdrängung von 3370 ts, ihre Bewaffnung besteht aus zwei Tartar-Startern, zwei 127-mm-Kanonen und U-Jagdwaffen. Gewisse Bedenken für eine Verwendung im nordeuropäischen Küstenbereich bestanden zwar wegen des verhältnismäßig großen Tiefgangs der Schiffe von 6,10 Metern, da die Möglichkeit eines Passierens der dänischen Meerengen, einschließlich des Öre-Sunds, von der Bundesmarine unabdingbar gefordert wurde. Dieses Problem wurde konstruktiv dadurch gelöst, daß man auf den tiefgehenden „Sonardom" (zu U-Bootsortung) verzichtete und stattdessen das Sonargerät im untersten Teil des Bugs der Schiffe „in Tropfenform" anbrachte, die aus schiffbaulichen Gründen ohnehin bei schnellen Schiffe (WULSTbug) vorhanden ist. Das gleiche hatte man bereits bei drei Zerstörern des gleichen Typs praktiziert, die von den USA kurz zuvor an die australische Marine geliefert worden waren.

Mit dem „Schwesterschiff-Programm" sollte erreicht werden, daß die für den Kriegsschiffbau verantwortlichen deutschen Stellen auf denjenigen Gebieten praktische Unterstützung erhalten würden, auf denen ausreichende Erfahrungen für den Bau moderner Waffensysteme nicht vorlagen. Auf diese Weise sollte das unbedingt nötige „Know-how" auf dem Wege des räumlich zwar begrenzten, zeitlich aber parallel laufenden Baues der beiden Schiffe vermittelt werden.

Die Ansichten zu diesem verblüffenden Vorschlag der Amerikaner waren bei den deutschen Fachleuten geteilt. Immerhin liefen seit Jahren Planungen, auf die Verhältnisse in unseren Seegebieten genau zugeschnittene, (im eigenen Hause entworfene) Flugkörperzerstörer in der Bundesrepublik bauen zu lassen. Die Pläne waren weit gediehen, die bei Bau und Management zu erwartenden Schwierigkeiten allerdings noch nicht überschaubar.

Überraschend wurde dann aber in einer Sitzung im Führungsstab der Marine, an der auch der damalige Abteilungsleiter der technischen Abteilung, Ministerialdirektor Fischer teilnahm, beschlossen, eine kleine Gruppe von Fachleuten in die USA zu entsenden, um das Projekt zu prüfen. Zu dieser Gruppe gehörten u. a. Ministerialdirigent Dr. Waas, ein erfahrener Schiffbauer, und ich als Leiter der beiden zuständigen Unterabteilungen in der technischen Abteilung und dem Führungsstab der Marine.

Nach mehrtägigen Besprechungen mit der US-Marine im Pentagon und einer Unterrichtung auf einer im Zerstörerbau besonders erfahrenen amerikanischen Schiffswerft, ergab sich völlige Übereinstimmung aller Beteiligten darin, daß nicht das angebotene „Schwesterschiff-Programm" weiterverfolgt werden sollte, sondern daß es rationeller und praktikabler wäre, als ersten Schritt zur Modernisierung der bundesdeutschen Marine drei Zerstörer der verbesserten „Charles F. Adams"-Klasse auf einer USA-Werft bauen zu lassen. Gründe hierfür waren u. a., daß zwei Zerstörer keine taktische Kampfeinheit (Geschwader) bilden konnten, also der Bau von mindestens drei Schiffen erforderlich war. Außerdem wurde befürchtet, daß bei dem „Schwesterschiff-Programm" im Endzustand keine materielle Homogenität der wertvollen Schiffe zu erreichen wäre, und daß auch zeitliche Differenzen auftreten könnten, die den Rahmen des Vertretbaren weit überschritten. Große Terminverzögerungen, die bei dem Bau der ersten Schiffe für die Bundesmarine auf deutschen Werften eingetreten waren, führten nicht zuletzt zu dieser kritischen Beurteilung.

Der Vorschlag der deutschen Expertengruppe fand im Bundesverteidigungsministerium einhellige Zustimmung, wohl vor allem deshalb, weil er auf überzeugenden Argumenten fußen konnte. Auch die amerikanische Seite war damit einverstanden, als sich aus dem vorgeschlagenen „Schwesterschiff-Programm" der Ankauf von drei Flugkörperzerstörern gleichen Typs in den USA durch die Bundesrepublik abzuzeichnen begann.

Vom Ressortminister, Kai-Uwe von Hassel, wurde das Vorhaben unterstützt. Er vertrat es auch im Bundestag. Bis zur endgültigen Genehmigung des Projektes und zur Vertragsreife war es nur noch ein verhältnismäßig kurzer Weg. Nach Abschluß des Regierungsvertrages zwischen Bonn und Washington sowie den üblichen Ausschreibungen, wurde eine der anerkanntesten amerikanischen Zerstörer-Bauwerften, Bath Iron Works, in Bath, Maine (an der Ostküste der USA, nördlich Boston gelegen), mit dem Bau der drei Zerstörer beauftragt. Eine deutsche Verbindungsgruppe, bestehend aus einigen Experten, an ihrer Spitze Kapitän z. S. Walter Buch, wurde eingesetzt, die während der gesamten Bauzeit von ihrem Washingtoner Büro aus den Bau verfolgte und in zahlreichen Fällen Hilfestellung im Sinne besonderer Forderungen durch die Bundesmarine leistete.

In Übereinstimmung mit dem vorgesehenen Zeitplan lief der Typ-Zerstörer „Lütjens" am 11. August 1968 von Stapel, nur sieben Monate später, am 22. März 1969, wurde er in Anwesenheit des deutschen Missionschefs in den USA, Botschafter Rolf Pauls, von seinem ersten Kommandanten, Fregattenkapitän Ansgar Bethge, in Dienst gestellt.

In einer kurzen Ansprache hatte ich als Inspekteur der Marine betont, daß mit dem Flugkörperzerstörer „Lütjens" nunmehr auch für die deutsche Marine ein seit langem geplanter, technischer Generationswechsel eingesetzt habe, der vom deutschen Heer und der deutschen Luftwaffe bereits weitgehend vollzogen sei. Zur Erfüllung unseres Verteidigungsauftrages innerhalb des NATO-Bündnisses sei es dringend notwendig, eine moderne deutsche Flotte aufzubauen. Mit der Indienststellung des Zerstörers „Lütjens" wurde ein wesentlicher Schritt hierzu getan. Angesichts des nun fertiggestellten Schiffes könne festgestellt werden, daß der damalige Entschluß, drei Raketenzerstörer der „Lütjens"-Klasse in den USA bauen zu lassen, eine richtige und gute Entscheidung gewesen ist. „Lütjens" habe eine Reihe harter Erprobungen voll bestanden. Der Bau dieser Schiffe auf einer amerikanischen Werft mit großer Tradition im Bau von Zerstörern werde es in Zukunft ermöglichen, das weitere Modernisierungsprogramm der Bundesmarine auf deutschen Werften fortzuführen.

Zur Zeit der Auftragsvergabe (vier Jahre vorher) war die Entscheidung, diese Schiffe in den USA bauen zu lassen, keineswegs unumstritten, besonders, da die deutschen Werften damals selbst Mangel an Bauaufträgen litten. Mit diesem Bau aber wurden die Voraussetzungen dafür geschaffen, daß künftige Bau- und Reparaturaufträge an deutsche Werften übertragen werden konnten. Dieser Gesichtspunkt war übrigens von erheblicher Bedeutung für die Zustimmung des Deutschen Bundestages zum Gesamtvorhaben. Dank ihrer modernen Anlagen sind diese Schiffe befähigt, auch unter ungünstigen Wetter-Verhältnissen, ihre Einsatzaufgaben wirksam zu erfüllen. Ein Schiff, das moderne Waffenanlagen zur Bekämpfung von Flugzeugen, Überwasser-Einheiten und U-Booten in sich vereint, muß eine entsprechende Größe haben. Es ist dann aber auch in der Lage, mit Hilfe seiner modernen, elektronischen Übertragungsanlagen kleinere Einheiten über die aktuelle Lage im Seegebiet zu informieren und sie im Einsatz zu führen. Dabei kann ein Zerstörer von der Größe der „Lütjens" seine Waffensysteme unter fast allen Wetterbedingungen einsetzen.

Am 9. Dezember 1969 lief „Lütjens" nach fast neun Monaten harter Erprobungszeit in US-Gewässern im Heimathafen Kiel ein. Die Schwesterschiffe „Mölders" und „Rommel" folgten in kurzen Abständen. Mit ihnen traten erstmalig Kampfschiffe zur deutschen Flotte, die einen Vergleich mit den modernsten Schiffen anderer Länder nicht zu scheuen brauchten. Aufbauend auf den vielfältig bewährten Typ eines Mehrzweck-Standardzerstörers, waren durch neuzeitliche Waffen- und Führungsanlagen, wie sie auf den drei deutschen Zerstörern erstmals installiert wurden (z. B. dem „Standard-Missile 1 A" anstelle des „Tartar-Missile", mit dem die Schiffe der „Charles F. Adams"-Klasse ausgerüstet sind) Neubauten geschaffen, um die sogar amerikanische Marineexperten die Bundesmarine beneideten. Der Aufwand von ca. 200 Millionen DM pro Schiff, damals viel kritisiert, mutet heute vergleichsweise „billig" an, wenn man bedenkt, daß die Kosten für ähnliche Kampfschiffe heute etwa doppelt so hoch liegen. Auch darf nicht unberücksichtigt bleiben, daß diese Kosten erst im Verlauf der Bauzeit in vollem Umfange zu zahlen waren (wie bei jedem anderen Neubau auch), und daß die Lebenszeit eines solchen Schiffes etwa 25 Jahre beträgt. Wenn man von Kostenwirksamkeit spricht, trifft dies in besonderem Maße auch auf den Bau von Kriegsschiffen zu, eine Tatsache, die von vielen übersehen wird.

Im Verteidigungs- und Haushaltsausschuß des Bundestages waren seinerzeit namhafte Abgeordnete an der Entscheidung beteiligt, so z. B. die Abgeordneten Benda im Verteidigungsausschuß (heute Präsident des Bundesverfassungsgerichts) und Stoltenberg im Haushaltsausschuß (heute Ministerpräsident des Landes Schleswig-Holstein). Als Vorsitzender des Haushaltsausschusses konnte der inzwischen verstorbene Abgeordnete Erwin Schoettle einstimmige Zustimmung aller Abgeordneten zu dem Projekt feststellen, mit Ausnahme einer weiblichen Abgeordneten, die sich der Stimme enthielt, wobei sie zugab, daß „sie von diesen Dingen nun wirklich nichts verstehe".

Nach Abwicklung des Bauprojektes erklärte sich die US-Marine bereit, die Bundesmarine über Weiterentwicklungen auf dem Waffen- und Ausrüstungsgebiet für ihre eigenen Zerstörer zu unterrichten, soweit sie sich während der Indiensthaltung der Schiffe ergäben. Auf diese Weise könne die Bundesmarine, soweit sie es wünsche, an den gewonnenen Erkenntnissen partizipieren und sie zur Erhöhung der Kampfkraft, etwaigen schiffbaulichen Verbesserungen usw., heranziehen.

So werden im Rahmen kommender Depot-Instandsetzungen die Flugkörper vom Typ „Standard-Missile 1 A" durch die noch leistungsfähigeren Flugkörper vom Typ „Standard-Missile-1 (MR)" ersetzt, die u. a. größere Reichweiten besitzen. Parrallel dazu soll ein Austausch der bisherigen 127-mm-Geschütztürme gegen neuentwickelte amerikanische Geschütze vom Typ „Mod. 10" erfolgen. Daneben ist eine Umstellung vorhandener Rechner auf Digitalrechner beabsichtigt. Die Überwasserwaffenleitung wird in das taktische Führungssystem „SATIR" (Abkürzung für: System zur Auswertung taktischer Informationen für Raketenzerstörer) integriert. Die Modernisierung soll im Jahre 1978 abgeschlossen sein.

Über die Namensgebung der drei „Lütjens"-Zerstörer gab es auch in der Öffentlichkeit leidenschaftliche Diskussionen. Der damalige Bundesverteidigungsminister, Dr. Gerhard Schröder, vertrat die Meinung, daß die Schiffe nach je einem besonders verdienten Soldaten der drei Teilstreitkräfte, die im Zweiten Weltkrieg gefallen waren, benannt werden sollten. Für die Marine bot sich der Name des ehemaligen Flottenchefs, Admiral Lütjens an, eines hervorragenden Offiziers, der bei dem Untergang seines Flaggschiffes, der „Bismarck", gefallen war. Über den Namen „Mölders" gab es kaum Diskussionen. Ebensowenig traf dies auf den Namen „Rommel" zu, dessen großartige menschliche und militärische Führerqualitäten von niemand bestritten wurden. Dennoch entschied sich Bundesminister Schröder erst nach längeren Überlegungen zu dieser von der Marine sehr begrüßten Namensgebungen, zumal die Heeresführung an erster Stelle den im Zweiten Weltkrieg gefallenen Generalobersten Freiherrn von Fritsch, vorgeschlagen hatte.

Fregatte 70

Einer NATO-Forderung entsprechend konzipierte die Marine Anfang der 60er Jahre einen neuen Schiffstyp, dessen Hauptaufgabe es sein sollte, Seestreitkräfte gegen die Luftbedrohung zu sichern. Dazu erforderlich waren Schiffe in Korvettengröße, die das amerikanische Flugabwehrraketensystem TARTAR aufnehmen konnten. Nach langwierigen Verhandlungen – das Konzept war bereits 1964 vom Verteidigungsausschuß gebilligt worden – verzichtete man schließlich auf die Korvetten und konzentrierte alle Arbeiten auf die „Fregatte 70", einen leistungsfähigen Kampfschifftyp, der vielseitig einzusetzen war. Doch im Mai 1970 mußte festgestellt werden, daß die Verwirklichung des Fregattenprojektes den Kostenrahmen sprengen würde. So entschied der Ressortminister, das Vorhaben aufzugeben.

Grundsätzlich ist die Namensgebung der Schiffe und Boote der Bundesmarine nach einem System geregelt, wie es in ähnlicher Weise auch vor dem letzten Kriege der Fall war. Dieses System sieht für jede Schiffs- und Bootsklasse eine Begriffsgruppe vor. So wurden die ersten Nachkriegs-Neubauzerstörer der „Hamburg"-Klasse nach Bundesländern, die ersten Fregatten der „Köln"-Klasse nach deutschen Städten, Schnellboote nach Raubtieren und Raubvögeln benannt usw., wobei man bemüht war, traditionsreiche Schiffsnamen aus den Vorkriegsjahren zu übernehmen. Neuerdings tragen Kampfboote der Flotte, z. B. Schnellboote, wie übrigens auch in anderen Marinen, keine Namen mehr. Sie werden mit Nummern bezeichnet (z. B. „S 45" für ein Raketenschnellboot der Klasse 148). Diese Bezeichnung gilt für den internen Marinegebrauch. Außerdem führen alle Schiffe und Boote der Bundesmarine NATO-Bezeichnungen und Nummern, wie allgemein üblich, gut sichtbar an der Bordwand. Der erste Teil dieser Bezeichnung ist ein Buchstabe, der die Schiffsklasse angibt, z. B. „D" für Zerstörer (Destroyer), „P" für Schnellboote (Patrolboats), „A" für Hilfsschiffe (Auxiliaries). Die folgende Zahl ist die laufende Nummer der Einheit wie sie in einem Verzeichnis aller NATO-Einheiten festgelegt ist.

Nicht jedes Planungsobjekt in der Modernisierungsphase der Bundesmarine verlief so „planmäßig" wie das der Beschaffung der drei Flugkörperzerstörer der „Lütjens"-Klasse. Vom Vorschlag der US-Marine im Sommer 1964, ein „Schwesterschiff-Programm" gemeinsam mit der Bundesmarine zu verwirklichen, bis zur Indienststellung des ersten Schiffes waren nur knapp fünf Jahre vergangen. Hinzu kamen neun Monate für Erprobungen in den USA, eine vergleichsweise ebenfalls kurze Zeitspanne. Eine mehrjährige Planungs-, Entwicklungs- und Konstruktionsphase entfiel in diesem Falle, weil die US-Marine sie vor Baubeginn der „Charles F. Adams"-Klasse vorweggenommen hatte. Eine zeitlich günstigere Abwicklung eines derart komplexen Schiffbauprojektes war nicht denkbar.

Anders lagen die Dinge bei dem seit vielen Jahren geplanten Großprojekt der „Fregatte 70", auch bekannt unter der technischen Projektbezeichnung „Fregatte 121". Dieses Projekt, das in seinem Endstadium den Bau von vier Fregatten auf einer noch zu bestimmenden deutschen Werft vorsah, hatte einen ungewöhnlichen, dennoch in einigen Phasen typischen Verlauf genommen.

Seit SHAPE zu Beginn der 60iger Jahre in seine Streitkräfteforderungen für den europäischen Bereich die Bereitstellung von u. a. zehn „Patrol Craft" (Korvetten) durch die deutsche

Marine eingeschlossen hatte, liefen im Führungsstab der Marine Überlegungen, wie man diesen Forderungen am besten entsprechen könne. Erste Planungen gingen in Richtung einer Flugkörperkorvette, die der Sicherung von Flottenverbänden auf der See gegen Luftangriffe dienen sollten, ohne daß zunächst über eine definitive Zahl der bereitzustellenden Schiffe gesprochen wurde. Es war klar, daß hierzu nähere Vorstellungen über den Schiffstyp und seine Bewaffnung vorliegen mußten, da von ihnen erste, vorläufige Kostenschätzungen abhingen. Fest stand für die verantwortlichen Planer von Anfang an, daß die Schiffe bei möglichst geringer Wasserverdrängung eine „Tartar"-Flugkörperbewaffnung erhalten sollten, da vergleichbare frontreife Luftabwehr-Raketensysteme für kleinere Schiffe und Boote seinerzeit nicht zur Verfügung standen.

Bei diesem System handelt es sich im Prinzip um das gleiche, wie es später auf der „Lütjens"-Klasse Verwendung fand. Neben diesem Waffensystem war für die Korvetten der Einbau von Schnellfeuerkanonen geplant, um die Entfernung bis zur Mindestreichweite der „Tartar" zu überbrücken und Seeziele auf kleinere und mittlere Entfernungen bekämpfen zu können. Um Tonnage und Baukosten möglichst niedrig zu halten, einigte man sich auch darüber, daß eine mittlere Geschwindigkeit von ca. 25 Knoten für die Korvetten ausreichen müsse, um ihnen die Erfüllung ihrer Aufgaben als „Flottenbegleiter" zu ermöglichen. Bei Konzipierung der Korvetten hatte man sich bewußt auf diese Aufgabe beschränkt, d. h. sie ausschließlich zur Flugabwehr bestimmt. Die tatsächliche Entwicklung des Projekts nahm dann aber einen ganz anderen Verlauf.

Verteidigungsminister von Hassel und der Verteidigungsausschuß des Bundestages hatten dem Bauvorhaben Flugkörper-Korvette nach mehrjähriger Planungs- und Entwicklungsarbeit Anfang 1964 zugestimmt. Am 24. Juni 1964 wurde das Vorhaben aber vom Haushaltsausschuß des Bundestages zurückgewiesen, da der Ausschuß vor endgültiger Entscheidung auf der Vorlage exakter Konstruktionspläne und Entwicklungsergebnisse bestand. Die vorgelegten und mündlich erläuterten Typskizzen und Kostenvoranschläge genügten dem Haushaltsausschuß nicht. Hierdurch ging viel Zeit verloren. Bauverträge konnten nicht abgeschlossen werden. Das Projekt geriet ins Wanken, da die Rüstungskosten schon damals von Monat zu Monat stark anstiegen und damit auch die für das Korvetten-Programm veranschlagten Baukosten nicht mehr realistisch waren. Einziger Ausweg, um den Kostenanstieg aufzufangen, schien eine Verringerung der Zahl der zu bauenden Schiffe und eine zeitliche Streckung um einige Jahre zu sein. Damit wurde aber die Frage akut, ob die geplanten Korvetten noch „kostenwirksam“ blieben und planerisch noch zu vertreten waren. Das Projekt war in Frage gestellt, seine weitere Bearbeitung zog sich in die Länge. Die bisherigen sorgfältigen Planungen, Entwicklungen und Terminvorstellungen schienen umsonst gewesen zu sein.

Das Gesamtkonzept der Marine, das 1964 vom Verteidigungsausschuß des Bundestages gebilligt worden war, sah neben dem Bau von zehn „Tartar“-Korvetten vor allem den Bau von sechs Flugkörperzerstörern vor. Neben dem Bau der drei Flugkörperzerstörer der „Lütjens“-Klasse, der damals anlaufen konnte, blieben also noch drei weitere Flugkörperzerstörer, die auf einer deutschen Werft nach eigenen Plänen der Marine gebaut werden sollten und zehn „Tartar“-Korvetten weiter im Planungsprogramm.

Auch dieses Programm konnte jedoch nicht eingehalten werden. Da die Schiffbaukosten weiter rapide anstiegen, rückte seine Realisierung so weit in zukünftige Jahre hinein, daß es mehr und mehr fragwürdig wurde und ein Ausweg gefunden werden mußte. So kam es zu dem Entschluß der Marineführung, die Indiensthaltung einiger der US-Leihzerstörer der „Fletcher“-Klasse, Veteranen aus der Zeit des Zweiten Weltkrieges, um einige Jahre hinauszuschieben. Die Realisierung des „Tartar“-Korvetten-Programms erwies sich als nicht mehr sinnvoll und vertretbar. Die drei noch im Programm vorhandenen Flugkörperzerstörer waren in der ursprünglich vorgesehenen Form ebenfalls nicht mehr aktuell, da sie zu kostenaufwendig und in den technischen Vorstellungen zum Teil durch Neuentwicklungen überholt waren.

Ende 1967 wurden neue Planungsvorstellungen entwickelt, mit dem Ziel aufbauend auf dem Korvetten-Konzept eine FREGATTE zu beschaffen, einen Schiffstyp also, der damals auch von anderen Marinen, als All-round-Schiffe verwendet wurden. So entstand das Konzept der FREGATTE 70, deren Entwicklung nunmehr mit Nachdruck betrieben wurde. Die Schiffe sollten, ebenso wie die im Bau befindlichen „Lütjens“-Zerstörer, Standard-Missile-Ausrüstung erhalten, wie sie im Prinzip auch für die „Tartar“-Korvetten geplant waren. Dabei wurde auf die Verwendung des Missile-Systems auch gegen Seeziele gelegt. Außer dieser Raketenbewaffnung waren vier 76-mm Oto Melara-Schnellfeuerkanonen neuesten Typs zur Bekämpfung von See- und Luftzielen vorgesehen sowie vier Torpedorohre für drahtgelenkte Torpedos. Dazu modernste elektronische Ortungs- und Feuerleitanlagen wie zum Beispiel 3-D-Radar Sonar und Satir-Anlage. Bei einer Wasserverdrängung von ca. 3600 ts sollte die Geschwindigkeit der Fregatten 30 kn betragen. Alles in allem also Schiffe, die bei modernster Bewaffnung vielseitig verwendbar waren und auch unter schlechten Wetter- und Seegangsbedingungen in der Nordsee eingesetzt werden konnten. Bei der Planung war man davon ausgegangen, daß die FREGATTEN 70 wenigstens zum Teil das gescheiterte Korvetten-Programm ersetzen konnten.

Anfang 1968 wurde das Vorhaben FREGATTE 70 nach Genehmigung durch Verteidigungsminister Schröder dem Verteidigungsausschuß des Bundestages vorgetragen und von ihm gebilligt. Erst ein Jahr später, im Januar 1969, erklärte sich auch der Haushaltsausschuß des Bundestages einverstanden, nachdem alle Bedenken ausgeräumt werden konnten, die u. a. auch der Bundesminister der Finanzen wegen der allmählich auch für den Fregattenbau sich rasch steigernden Kosten erhoben hatte. Ein weiteres Jahr ging ins Land als sich – vor allem bei der technischen Detailplanung – Schwierigkeiten einstellten. Allein die Prüfung der Frage, ob der vorgesehene Gasturbinenantrieb mit einem oder zwei Antriebsaggregaten je Welle zu bevorzugen sei, nahm Monate in Anspruch.

Etwa gleichzeitig mit diesen Untersuchungen ergab sich die Notwendigkeit einer Überprüfung des gesamten Rüstungsplans der Bundeswehr aufgrund der großen Kostensteigerungen auf dem Beschaffungssektor.

Für die Führung der Bundesmarine bedeutete das, daß für die Realisierung des Modernisierungsprogramms der Marine Prioritäten zu setzen waren, da auch die Neubeschaffung von U-Booten, Schnellbooten und von Hubschraubern für den Seenotrettungsdienst heranstand. Auch die Bereitstellung moderner Führungssysteme an Land, die mit datenverarbeitenden Anlagen auszurüsten waren, erwies sich als vordringlich, um die in einigen Jahren zu erwartenden modernen Schiffe, Boote und Flugzeuge ihrer eigenen Ausrüstung entsprechend effektiv einsetzen und führen zu können. Unter dem Druck dieser Entwicklung ordnete ich in meiner Eigenschaft als Inspekteur der Marine am 29. Oktober 1969 eine Untersuchung an, die als Grundlage für ein künftiges Marinekonzept Aufschluß über voraussichtliche operative Entwicklungen, soweit sie die Marine betrafen, und sich hieraus ergebende Forderungen für die Zusammensetzung der Marinestreitkräfte etwa im kommenden Jahrzehnt geben sollte. Bei dieser Untersuchung war die Verflechtung der Bundesmarine mit den beiden anderen Teilstreitkräften der Bundeswehr ebenso zu beachten wie die der Bundeswehr insgesamt mit den übrigen Streitkräften der NATO im europäischen und atlantischen Raum.

Mit der Ausführung des Auftrages wurde eine Studiengruppe unter Leitung von Kapitän z. S. Klaus Bühring beauftragt, der auch vier fronterfahrene, jüngere Marineoffiziere mit Führungsakademie-Ausbildung angehörten. Ferner wurde eine Beratergruppe unter Leitung von Vizeadmiral Armin Zimmermann, dem späteren Generalinspekteur der Bundeswehr, zugezogen. Daneben wurde eine Arbeitsgruppe FREGATTE 70 (FREGATTE 121) gebildet, die über Details der Konstruktionsunterlagen, Kostenumfang und Realisierungsmöglichkeiten des Projekts Aufschluß geben sollte.

Am 25. Mai 1970 wurde das Ergebnis dieser Untersuchungen Bundesverteidigungsminister Helmut Schmidt vorgetragen. Die Arbeitsgruppe von FREGATTE 70 hatte in ausgezeichneter Zusammenarbeit von Bundesmarine und Wehrtechnik nachgewiesen, daß das Schiffskonzept ausgereift und vergabebereit war. Von den drei herausgearbeiteten Alternativen hatte sich jedoch auch die „billigste" Lösung als zu kostenaufwendig erwiesen. Eine ausreichende Kostenwirksamkeit erschien damit nicht mehr sichergestellt. Im Zusammenhang mit den Studienergebnissen der „Gruppe Bühring", die ebenfalls sehr anerkennenswerte Arbeit geleistet hatte, und den von ihr herangezogenen „Operational Research"-Gutachten war somit eine Weiterverfolgung des Projekts FREGATTE 70 nicht mehr zu verantworten. Der Bundesminister der Verteidigung entschied daher auf meinen Vorschlag im Verlaufe der Sitzung, den Bau der FREGATTE 70 nicht weiter zu verfolgen.

Die Realisierung eines über nahezu zehn Jahre gelaufenen Bauvorhabens – Flugkörper-Korvette/FREGATTE 70 – war damit endgültig aufgegeben. Viele Faktoren trugen zu dieser Fehlentwicklung bei, u. a. Schwerfälligkeit des Organisations- und Planungsapparates, damit verbundene jahrelange Planungs- und Entwicklungszeiten, Kostenexplosion auf dem Rüstungssektor und nicht zuletzt auch menschliche Unzulänglichkeiten, wie sie sich z. B. in unnötigen Kompetenzstreitigkeiten innerhalb und außerhalb des Verteidigungsministeriums gezeigt hatten.

Es bleibt zu hoffen, daß ein neuerdings angelaufenes, neues Fregatten-Programm der Bundesmarine, das übrigens auf ganz anderen Grundlagen beruht, glücklicher und erfolgreicher ablaufen wird, als das der FREGATTE 70. Das ist freilich auch dringend notwendig, wenn die Bundesmarine auch in den 80iger Jahren die ihr gestellten Aufgaben im NATO- und nationalen Bereich mit einer ausgewogenen Flotte erfüllen soll, so wie es Verteidigungsminister Helmut Schmidt am 29. Januar 1970 mit den Worten formulierte:

„Im Rahmen der gemeinsamen Streitkräfte-Planung im Bündnis wird die Marine ihre Verbände laufend modernisieren. Wir brauchen eine ausgewogene Flotte. Sie muß ihre Aufgabe in den See- und Küstengebieten westlich und östlich der Ostseeausgänge zusammen mit den Seestreitkräften der anderen Bündnispartner gerecht werden können."

Das MLF-Projekt

Zu den interessantesten Vorhaben im alliierten Bereich gehörte das MLF-Projekt. In seinen Rahmen sollten Handelsschiffe mit Polaris-Raketen bewaffnet werden und gemischte Besatzungen aufnehmen. Diese „Raketenhilfskreuzer“ hätten in den weiten Seeräumen des Atlantik zu operieren und wären auch bei intensiv betriebener Aufklärung nicht ohne weiteres aufzufinden gewesen. Das Raketenpotential an Bord dieser Schiffe sollte die Abschreckungskraft des Bündnisses nachhaltig vergrößern. Um zu testen, wie eine gemischte Besatzung funktionieren würde, setzte man einen US-Zerstörer mit der mixed Crew in Fahrt. Das kühne Projekt scheiterte jedoch letzten Endes an den unterschiedlichen Regierungsauffassungen hinsichtlich Kostenwirksamkeit und Effektivität.

Neben dem Projekt FREGATTE 70 blieb einem weiteren interessanten und seinerzeit viel diskutierten Planungsvorhaben in der Mitte der 60iger Jahre der Erfolg versagt, das unter dem Namen „Multilateral Force“ (MLF) von der US-Marine entworfen und vorgeschlagen worden war.

Grundidee der „Geisterflotte“, wie sie damals genannt wurde, und an der sich außer der US-Navy mehrere andere NATO-Marinen, einschließlich der Bundesmarine, beteiligen sollten, war der zunächst sehr einleuchtende Gedanke, zusätzlich zu der „Polaris“-Flotte der USA und Großbritanniens, die der strategischen Abschreckung dient, „mit einfachen und billigen Mitteln“ eine Überwasserflotte aus etwa zwanzig bewaffneten Handelsschiffen bereitzustellen, die wie die „Polaris“-U-Boote mit je 16 Polaris-Missiles je Schiff ausgerüstet werden sollte. Die allgemeine Ausrüstung der Schiffe sollte einfach sein, so daß die Stärken der aus den beteiligten Marinen zusammengesetzten gemischten Besatzungen möglichst niedrig gehalten werden konnte. Man rechnete damit, daß die einzelnen und ohne Sicherung operierenden Schiffe, ähnlich den im Ersten und Zweiten Weltkrieg außerordentlich erfolgreich eingesetzten deutschen Hilfskreuzern in den weiten Seeräumen des Atlantik nur äußerst schwer auffindbar wären, zumal die NATO-Streitkräfte gegenüber dem Ostblock über diesen Seegebieten nahezu absolute Luftherrschaft besaßen. Die US-Navy hatte sich bei dieser Lagebetrachtung nicht nur auf globale Schätzungen gestützt, sondern sie mit detaillierten Daten, die mit Computerhilfe errechnet waren, belegt.

Im April 1963 besuchte Admiral Claude V. Ricketts, dessen Name mit der Idee der MLF eng verbunden ist, im Auftrag des Pentagons das Verteidigungsministerium in Bonn und trug mit einem Team von US-Marineoffizieren das Projekt dem damaligen Bundesverteidigungsminister von Hassel vor, der seine Unterstützung bei den weiteren Planungen zusagte.

Bei späteren Verhandlungen wurde Übereinstimmung vor allem darin erzielt, daß das Problem der gemischten Besatzungen, die auf den Überwasser-Polaris-Schiffen eingesetzt werden sollten, mit allen damit zusammenhängenden Fragen, wie z. B. unterschiedlicher Bezahlung und Lebensgewohnheiten der gemeinsam an Bord diensttuenden Angehörigen verschiedener Marinen praktisch getestet werden sollte. Auf einem eigens für diese Aufgabe von der US-Navy zur Verfügung gestellten Zerstörer der „Charles F. Adams“-Klasse wurde dieser Test bald danach eingeleitet.

Am 1. Dezember 1964 lief der Versuch auf dem Zerstörer an, der den Namen des inzwischen verstorbenen Schöpfers der

MLF, „Claude V. Ricketts“, erhielt. 49 deutsche Marinesoldaten, davon zwei jüngere Offiziere und 47 Unteroffiziere, wurden für den Dienst auf „Ricketts“ gemeinsam mit Soldaten anderer Marinen abgestellt. Sie nahmen an längeren Übungsreisen des Schiffes diesseits und jenseits des Atlantiks teil und bestätigten in Übereinstimmung mit dem offiziellen Testergebnis, daß das Zusammenleben und -arbeiten an Bord, trotz der Unterschiedlichkeit der verschiedenen Nationalitäten, keine größeren Differenzen mit sich brachte. Gegenseitiges Verständnis, kameradschaftliche Haltung und gemeinsamer Einsatz für eine lohnende Aufgabe ließen hier und da auftretende Schwierigkeiten schnell überwinden. Der positive Gesamteindruck übertraf bei weitem die in den Versuch gesetzten Erwartungen.

Trotzdem konnte die Planung der MLF, für deren Detailbearbeitung die Bundesmarine ein Team erfahrener Marineexperten nach Washington abgeordnet hatte, nicht verwirklicht werden, weil die Auffassungen der Regierungen der beteiligten Länder über Wert und Kostenwirksamkeit des Projekts weit auseinanderklafften. Besonders Großbritannien wehrte sich entschieden gegen das seiner Meinung nach zu aufwendige Vorhaben, dessen Realisierungsmöglichkeiten und Folgeauswirkungen noch nicht überschaubar waren. Auch auf deutscher Seite bestanden Bedenken. Nicht ohne Grund befürchtete man, daß die möglicherweise – trotz aller zunächst optimistischen Prognosen – zu hohe Kostenbeteiligung der teilnehmenden Länder den Rahmen der verfügbaren Haushaltsmittel für eine geordnete Weiterführung ihrer Verteidigungsetats sprengen könnte. Damit mußte auch dieses, wohl spektakulärste multilaterale Großprogramm innerhalb der NATO-Gemeinschaft, letztlich auch am Rotstift scheitern.

U-Boote und Flugkörperschnellboote

Vom Führungsstab der Marine wurde die Forderung nach weiterer Modernisierung der Flotte mit großem Nachdruck aufrechterhalten. Als besonders gelungen gelten in diesem Zusammenhang die U-Boote der Klasse 206, von der 18 Boote in Dienst gestellt werden konnten. Gleichzeitig erfolgte die Modernisierung der für die Küstenvorfeldsicherung unentbehrlichen Schnellbootwaffe. Zehn S-Boote der Zobel-Klasse wurden umgerüstet, 20 Flugkörper-Schnellboote in Auftrag gegeben, zehn weitere große Raketenschnellboote auf deutschen Werften bestellt. Diese kampfkräftigen Einheiten haben zu einer wesentlichen Verstärkung der deutschen Seestreitkräfte beigetragen.

Das nach langen Planungs- und Entwicklungsjahren abgebrochene Programm FREGATTE 70 und die bereits in der ersten Planungsphase steckengebliebene Multilateral Force (MLF), beide sehr unterschiedlicher Art, blieben erfreulicherweise die einzigen Großprojekte der Marine in der Reihe der bedeutenden Beschaffungsvorhaben während der ersten zwanzig Jahre ihres Bestehens, die nicht realisiert werden konnten. Nachträglich gesehen hat sich der Verzicht auf diese beiden Projekte auf die Entwicklung der Bundesmarine gut ausgewirkt, denn nunmehr war der Weg frei für die notwendige Modernisierung der Flotte, vor allem für den weiteren Ausbau der unter großen Startschwierigkeiten leidenden U-Boot-Waffe, die Ablösung der ersten Schnellbootsgeneration, deren Lebensdauer sich dem Ende zuneigte, und für eine Neuordnung des Seenotrettungsdienstes, die ebenfalls heranstand, durch die Beschaffung eines bewährten, für diese Aufgabe besonders geeigneten Hubschraubertyps.

Die Verwirklichung so wichtiger Vorhaben erforderte in Anbetracht der immer fühlbarer werdenden Geldknappheit von Jahr zu Jahr größere Sparsamkeit und Rationalisierung der Planung. Bei Aufstellung der Rüstungspläne wurde in der gesamten Bundeswehr ein strenger Maßstab angelegt, wurden die Vorschläge der drei Teilstreitkräfte sorgfältig gegeneinander abgewogen. Dabei hatten im Zuge des langwierigen Genehmigungsverfahrens bis zur endgültigen Billigung des Parlaments nur solche Rüstungsprojekte Aussicht auf Erfolg, die innerhalb des Gesamtverteidigungskonzepts der Bundeswehr in jeder Hinsicht wohl begründet waren. Wünschenswertes entfiel, nur wirklich Notwendiges erhielt die Zustimmung aller verantwortlichen Stellen.

Den noch vorhandenen älteren U-Booten der „Klasse 205" folgten 18 Neubauten der besonders gelungenen „KLASSE 206". Alle Boote sind inzwischen in Dienst gestellt, so daß die U-Boot-Waffe der Bundesmarine über zwei Geschwader mit je zwölf Booten verfügt. Einige Boote sind ständig für Schulzwecke abgestellt.

Die gesamten Baukosten für die U-Boote, die von Experten als die leistungsfähigsten konventionellen Unterseeboote des NATO-Bündnisses bezeichnet werden, lagen bei etwa 900 Millionen DM. Ihre wichtigsten Merkmale sind die kompakte Bauweise, der neuartige Elektroantrieb für hohe Geschwindigkeit, weitreichende Ortungselektronik und die aus acht Bugtorpedorohren bestehende Bewaffnung für drahtgelenkte, selbstortende Torpedos. Die Boote sind speziell für Operationen in flachen und engen Küstengewässern konstruiert. Sie haben große Seeausdauer, sind wendig und wegen ihrer geringen Größe und der geräuscharmen Unterwasserfahrt nur schwer zu orten.

Die anspruchslosen Unterbringungsmöglichkeiten für die Besatzungen an Bord erfordern freilich persönliches Engagement, positive Einstellung und Anpassungsfähigkeit der Besatzungsmitglieder, die sich nur aus Offizieren und Unteroffizieren, also keinen Mannschaften, zusammensetzen. Für die unvermeidbaren Entbehrungen, die bei Einsätzen durch das Zusammenleben auf engstem Raum ertragen werden müssen, erhalten die Besatzungen finanzielle Zulagen zusätzlich zu ihren normalen monatlichen Bezügen. Der Dienst in der U-Boot-Waffe ist freiwillig. Mangel an Freiwilligen besteht nicht.

Jedem U-Boot-Geschwader sind ein TENDER und ein Sicherungsboot zugeteilt. Die Tender sind für diesen Zweck mit Unterbringungsplätzen für die Besatzungen aber auch mit Werkstatteinrichtungen ausgerüstet. Außerdem haben die U-Boot-Fahrer die Möglichkeit, die vorhandenen Landeinrichtungen in den Stützpunkten der Bundesmarine, besonders in ihrem Heimathafen, auszunutzen.

Heute kann man feststellen, daß die U-Boot-Waffe ihre Anfangsschwierigkeiten längst überwunden und sich zu einem vollwertigen, kampfstarken Verband der Flotte entwickelt hat. Die Dringlichkeit des Baues von 24 U-Booten, wie er von der NATO gefordert war, wurde während ihres Entstehungsgangs nicht angezweifelt. Aufbauend auf den betrüblichen ersten Erfahrungen gelang es in jahrelanger, zäher Entwicklungsarbeit schließlich, mit der KLASSE 206 einen erstklassigen Bootstyp zu schaffen, auf den die Angehörigen der bundesdeutschen U-Boot-Waffe mit Recht stolz sind.

Einfacher als bei den U-Booten lagen die Verhältnisse zunächst bei der Schnellbootwaffe, wenigstens was den Schiff- und Motorenbau der Mahagoni-Holzboote anlangte. Bei ihr konnte an die auch nach Kriegsende kaum unterbrochene Erfahrungsreihe im Schnellbootbau angeschlossen werden. Bereits 1957 wurden die ersten Schnellbootneubauten in Dienst gestellt. Am 31. Dezember 1960 befanden sich 30 Schnellboote der „Jaguar"-Klasse im Dienst. Hinzu kamen fünf Boote, die Anfang 1956 von Großbritannien an die Bundesmarine übergeben worden waren.

Von 1960 bis 1963 wurden ferner zehn Schnellboote der „Zobel"-Klasse abgeliefert, die den Booten der „Jaguar"-Klasse sehr ähnlich waren. Die Flotte verfügte nunmehr über eine stattliche Schnellbootwaffe von insgesamt 40 Booten, nachdem die von der Royal Navy überlassenen fünf Boote inzwischen außer Dienst gestellt waren.

Aber auch der Schnellbootswaffe blieben Sorgen und Nöte nicht erspart. Vor allem bereitete die Torpedobewaffnung der ca. 170 ts großen Boote in den ersten Jahren Kopfzerbrechen. Auch der Bootsantrieb verursachte größere Probleme, die weniger bei den 12 000 PS starken Dieselmotoren, als bei den vier Antriebswellen pro Boot zu suchen waren. Insgesamt erwies sich die Schnellbootflottille, bestehend aus vier Geschwadern zu je zehn Booten aber von Anfang an als einer der verläßlichsten Verbände der Flotte, der sich bei vielen nationalen und NATO-Flottenübungen durch vorzügliche Leistungen auszeichnete.

Die zehn Boote der „Zobel"-Klasse wurden Ende der 60iger Jahre umfassend modernisiert. Sie erhielten eine neugestaltete Brücke und ABC-Schutz (Schutz gegen atomare Strahlungen sowie gegen bakteriologische und chemische Waffeneinwirkung). Anstelle der bisherigen vier Torpedorohre wurden zwei über das Heck schießende Rohre für drahtgelenkte Torpedos eingebaut, ferner ein neues Radarsystem. Die beiden 40-mm-Kanonen erhielten radargesteuerte Feuerleitanlagen.

Schnellboote unterliegen einer relativ hohen Verschleißrate in gleicher Weise wie auch andere technische Hochleistungsfahrzeuge, -flugzeuge und vergleichbares Gerät auf anderen Gebieten. Immerhin konnte durch rationellen Einsatz der Boote (z. B. durch Festlegen bestimmter Höchstgeschwindigkeiten bei Übungen) erreicht werden, daß ihre Lebenszeit ohne Beeinträchtigung der Einsatzfähigkeit weit länger ausgedehnt wurde, als es nach den vorliegenden Erkenntnissen vorauszusehen war. Allerdings deuteten die stark ansteigenden Reparaturkosten, nach etwa zwölfjähriger Indiensthaltung, darauf hin, daß ihre Ablösung durch eine neue Bootsgeneration in absehbarer Zeit unvermeidbar würde. In zunehmendem Maße wurden im Führungsstab der Marine, im Flottenkommando und im Schnellbootflottille Stimmen laut, die auf die Dringlichkeit einer Ablösung der Boote hinwiesen. Detaillierte Untersuchungen und Prognosen wiesen nach, daß die Zeit drängte, wenn der Bestand der Schnellbootflottille aufrechterhalten werden sollte.

Die Planungen für einen Nachfolge-Schnellboottyp waren vor längerer Zeit angelaufen und machten gute Fortschritte. Dabei handelte es sich um ein ganz neues Konzept, in dem alle in den letzten Jahren gewonnenen, operativen und technischen Erfahrungen ihren Niederschlag fanden. Die Schnellboote dieser zweiten Generation mußten erheblich größer sein als ihre Vorgänger, da sie eine neuartige, komplexe Führungs- und Waffenanlage erhalten sollten, von der eine optimale Kampfkraft für Boote dieser Größenordnung, auch im Vergleich mit anderen modernen Marinen, erwartet wurde.

Da die elektronischen Einrichtungen der Boote der KLASSE 143 bei der Gesamtkonzipierung der Boote und ihrer Realisierung überragende Bedeutung einnahmen, wurde zum ersten Male der Bauträger für die elektronischen Bordanlagen – in diesem Falle die Firma AEG-Telefunken – zum Projektverantwortlichen bestellt. Nicht die Werft – wie sonst üblich.

Die Boote gehören mit einer Standard-Wasserverdrängung von ca. 300 ts (ca. 380 ts Einsatzverdrängung) zu den größten Kampfeinheiten ihrer Art. Vier Dieselmotoren leisten insgesamt 18 000 PS. Die Besatzung beträgt 40 Mann. Die Hauptbewaffnung besteht aus vier Schiff/Schiff-Flugkörpern des französischen Typs MM38, ferner zwei 76-mm-Schnellfeuerkanonen für See- und Luftzielbekämpfung und zwei Torpedorohren. Sie erhalten Führungs- und Waffenleitsysteme mit elektronischer Datenverarbeitung und -übertragung und gehören damit zu den kampfstärksten Schnellbooten überhaupt. Die von der Firma Fr.-Lürssen-Werft in Bremen-Vegesack gebauten Holzboote gelten als besonders standfest und besitzen ausgezeichnete See-Eigenschaften, die den Waffeneinsatz auch unter Schlechtwetterbedingungen und bei hohem Seegang ermöglichen.

Leider kamen die vielversprechenden Schnellboote KLASSE 143 aber nicht so schnell voran, wie es die Marineführung wünschte, und wie es notwendig gewesen wäre, um die erste Schnellbootsgeneration zeitgerecht, d. h. Anfang der 70iger Jahre, durch den neuen Schnellboottyp ablösen zu lassen. Außerdem wurden auch die ursprünglichen Kostenberechnungen im Laufe der Entwicklungsjahre über den Haufen geworfen. Zum Glück wiederholte sich aber die durch ähnliche Faktoren verursachte Misere der FREGATTE 70 nicht.

Im Laufe des Jahres 1970 begannen erste Verhandlungen mit der französischen Marine mit dem Ziel einer beschleunigten Beschaffung von 20 Flugkörperschnellbooten eines Typs, den die Firma Constructions Mécaniques de Normandie in Cherbourg zuvor in mehreren Serien für andere Marinen gebaut hatte. Da die Werft Ende der 50iger Jahre bereits sechs Küstenminensuchboote der „Vegesack"-Klasse des NATO-Einheitstyps an die Bundesmarine geliefert und danach auch auf logistischem Gebiet mit ihr zusammengearbeitet hatte, lagen genügend Erkenntnisse vor, die dazu ermutigten, gerade diese Werft mit ihren großen Erfahrungen im Schnellbootbau erneut heranzuziehen.

Bei dieser Situation stimmten Bundesverteidigungsminister, Finanzminister und die zuständigen Ausschüsse des Bundestages der Beschaffung von 20 Flugkörper-Schnellbooten der KLASSE 148, wie dieser Bootstyp genannt wurde, verhältnismäßig rasch zu, zumal es sich hier um die Beschaffung eines ausgereiften, vergleichsweise preiswerten Bootstyps handelte. Die Gesamtkosten für die Serie von 20 Booten beliefen sich auf ca. 800 Millionen DM, etwa den gleichen Betrag, der auch für den Bau von zehn Neubau-Booten der KLASSE 143 zu veranschlagen war.

Im Oktober 1970 wurde ein deutsch-französischer Regierungsvertrag zur Lieferung von 20 Schnellbooten der KLASSE 148 abgeschlossen. Die Indienststellung des ersten Bootes folgte vertragsgemäß genau zwei Jahre danach. Die folgenden Boote wurden in Abständen von etwa zwei Monaten von der Bundesmarine übernommen.

Bei einer Standardverdrängung von etwa 230 ts (265 ts Einverdrängung) sind alle Boote mit vier Schiff/Schiff-Flugkörpern vom Typ MM 38 ausgerüstet, also dem gleichen Typ, wie er auch für die Schnellboote der KLASSE 143 vorgesehen ist. Außerdem haben sie eine 76-mm- und eine 40-mm-Schnellfeuerkanone für Seeziel- und Luftabwehr. Torpedobewaffnung ist nicht vorhanden.

Im Gegensatz zu den anderen deutschen Schnellbooten besteht ihr Schiffskörper nicht aus Holz, sondern aus Schiffbaustahl. Vier Dieselmotoren erzeugen eine Leistung von 14 400 PS. Die Boote haben 30 Mann Besatzung, ihre Ausrüstung erfolgte unter Mitarbeit deutscher Firmen. Acht in Cherbourg erstellte Bootsrümpfe wurden aus Gründen der Arbeitsteilung von der Firma Fr. Lürsen in Bremen-Vegesack ausgebaut und liefen auch bei dieser Werft von Stapel. Die abschließenden Erprobungen erfolgten in Frankreich.

Inzwischen sind alle 20 Flugkörperschnellboote der KLASSE 148 der Bundesmarine übergeben und in Dienst gestellt worden. Zehn Boote gehören heute zum 3. Schnellbootgeschwader, in Flensburg-Mürwik, die anderen zehn zum 5. Schnellbootgeschwader, das in dem Marinestützpunkt Olpenitz bei Kappeln an der Schlei, an der westlichen Kieler Bucht gelegen, beheimatet ist.

Die Indienststellung der zügig vorankommenden zehn Flugkörper-Schnellboote der KLASSE 143 ist bis 1977 vorgesehen, danach wird die Schnellbootwaffe über 30 Boote modernster Bauart verfügen.

Die noch aus der ersten Schnellbootgeneration stammenden zehn Boote der „Zobel"-Klasse, deren Lebensdauer rasch abläuft, sollen bis Ende der 70iger Jahre durch einen Schnellboottyp abgelöst werden, der von den bisherigen Booten grundlegend abweicht, nämlich durch das NATO-Projekt des Flugkörper-Schnellbootes KLASSE 162, an dem die USA, Italien und die

Bundesrepublik beteiligt sind. Die Entwicklung von Prototypen dieses als „Tragflügelboot" konzipierten Waffensystems wurde von der amerikanischen Boeing Company übernommen. Die in Leichtmetall gebauten Boote erhalten navalisierte Flugzeuggasturbinen und Wasserstrahlantrieb. Vollgetauchte, beiklappbare Tragflügel gestatten extrem hohe Dauerhöchstgeschwindigkeiten von über 50 Knoten (ca. 95 km/h) und See- und Waffeneinsatzfähigkeit auch unter mittleren Seegangsverhältnissen. Diese Leistungen des neues Bootstyps waren für die Marineführung Voraussetzung für eine Beteiligung an dem Gemeinschaftsprojekt, denn die bis dahin entwickelten Tragflügelboote erfüllten diese militärische Forderung nicht.

Die Tragflügel-Schnellboote der KLASSE 162 sollen eine Einsatz-Wasserverdrängung von ca. 220 ts und eine Besatzung von nur fünf Offizieren und 16 Unteroffizieren und Mannschaften erhalten. Sie sollen mit vier Schiff/Schiff-Flugkörpern bewaffnet werden, ferner mit einem 76-mm-Geschütz und zwei 20-mm-Kanonen zur See- und Luftzielbekämpfung sowie einem modernen Radar- und Feuerleitsystem. Die Gasturbine entwickelt eine Leistung von ca. 16 000 PS. Insgesamt ist der Bau von vorerst ca. 40 Booten dieses Typs für die drei beteiligten Länder geplant.

Die Minenstreitkräfte

Die besondere Struktur der deutschen Küstengewässer zwingt zur Unterhaltung modern ausgerüsteter Minensuchboote. Um mit der technischen Entwicklung unserer Tage auf die Dauer Schritt halten zu können, wurden Küstenminensucher der „Lindau"-Klasse zu Minenjagdbooten umgerüstet. Ferner stehen 20 schnelle Minensucher und 18 Binnenminensuchboote zur Verfügung. Der Flottille der Minenstreitkräfte gehören außerdem Minentransporter und Tender an, so daß sie mit ihren 60 schwimmenden Einheiten zu den größten Typverbänden der Bundesmarine gehört. Zur Verbesserung des Minensuchverfahrens wurde das System Troika entwickelt.

Auch bei der Flottille der Minenstreitkräfte hat sich eine Modernisierung als notwendig erwiesen, nicht nur weil die zu ihr gehörenden, schiffbaulichen verhältnismäßig einfach gehaltenen Holzboote allmählich zu einer Ablösung heranstehen, sondern auch, weil auf dem Gebiet der Minenräumung auf See gewonnene Erkenntnisse nicht unberücksichtigt bleiben dürfen.

Der NATO-Typ des Küstenminensuchbootes der „Lindau"-Klasse mit einer Wasserverdrängung von ca. 370 ts und einer Besatzung von 46 Mann, zum Schutz gegen Magnetminen auch innerhalb des Bootskörpers amagnetisch ausgerüstet, wird nicht nur in der Bundesmarine, sondern auch in den anderen Marinen als „gelungener Wurf" bezeichnet. Immerhin sind die 18 Boote der „Lindau"-Klasse, die in drei Geschwadern der Flotte zusammengefaßt sind, seit mehr als 15 Jahren im Einsatz. Zwei von ihnen wurden zu Minenjagdbooten umgebaut, weitere zehn folgen. Sie erhielten dazu besondere Ortungs- und Antriebsaggregate, die sie in die Lage versetzen, mit geschulten Minentauchern Grundminen zu räumen, die mit normalen Minensuchmitteln kaum beseitigt werden können. Besonderer Vorteil dieses Räumverfahrens ist es, daß die Minensuchboote selbst eine Minensperre nicht überlaufen müssen und damit relativ ungefährdet bleiben.

Eine Modernisierung der noch im Dienst befindlichen rund 20 Schnellen Minensuchboote der „Schütze"-Klasse, die noch bis Ende der 70iger Jahre im Dienst bleiben sollen, ist nicht vorgesehen. Diese vielseitig verwendbaren Boote mit einer Wasserverdrängung von ca. 230 ts und einer Besatzung von 39 Mann sind heute ebenfalls ca. 15 Jahre im Dienst. Sie wurden aus dem Minenräumboots-Typ entwickelt, der sich während des Zweiten Weltkrieges beim Freimachen von Schiffahrtswegen im Küstenbereich besonders bewährt hatte. Die Schnellen Minensuchboote tragen Namen von Sternen und Sternbildern. Sie sollen in einigen Jahren durch ein neues Minensuchverfahren, dem sog. „TROIKA"-System ersetzt werden, das sich in der Entwicklung befindet. Dieses System besteht aus einem Lenkboot, einer Neukonstruktion vom Typ „Minensuchboot 350" und einer unbemannten, ferngelenkten Gruppe von Hohlstab-Fernräumgeräten. Zur Zeit ist noch nicht entschieden, wieviele Fernlenk-Minenräumgruppen dieser Art Ende der 70iger Jahre an die Stelle der noch vorhadenen ca. 20 Schnellen Minensuchboote der „Schütze"-Klasse treten werden. Als problematisch betrachte ich in diesem Zusammenhang jedoch die Tatsache, daß die Schnellen Minensucher beachtliche Minenwurfkapazitäten besitzen. Ihr Ersatz durch reine Suchgeräte zwingt zu Umdispositionen, zumal das defensive Konzept der Seeverteidigung auf den Einsatz von Sperrwaffen unter keinen Umständen verzichten kann.

Zu den Minenstreitkräften gehören ferner 18 Binnenminensuchboote, die in den 60iger Jahren gebaut wurden und mit einer Wasserverdrängung von rd. 200 ts etwas kleiner sind als die Schnellen Minensuchboote. Die robusten Holzbauten der „Adriadne/Frauenlob"-Klasse, ursprünglich als Küstenwachboote bezeichnet, haben eine Minenräumausrüstung für flache Gewässer an Bord. Wegen ihres geringen Tiefgangs von nur ca. 2,0 m werden sie aber auch zu anderen Aufgaben in Küstenfahrwassern herangezogen.

Einige Minentransporter und Tender runden die Flottille der Minenstreitkräfte ab, die insgesamt über etwa 60 schwimmende Einheiten verfügt, aufgeteilt auf sechs Häfen an der Nord- und Ostseeküste.

Um die Schiffahrt in Nord- und Ostsee haben sich die Minenstreitkräfte der Bundesmarine gemeinsam mit ihren Vorgängern, den Minensuchverbänden (die seinerzeit mit deutschen Besatzungen unter amerikanischer und britischer Kontrolle fuhren) große Verdienste erworben. Ende 1971 konnte das Bundesverteidigungsministerium die Minenräumarbeiten in den Nordsee- und Ostseegewässern einstellen lassen, nachdem deutsche Minensuch- und -räumgeschwader vor den Küsten der Bundesrepublik und in der Deutschen Bucht mehr als 26 Jahre lang ununterbrochen tätig waren, um minenfreie Wege für die Handelsschiffahrt in den verseuchten Seegebieten zu schaffen. Sie wurden in jahrelanger, mühsamer Arbeit verbreitert, daß die Gefährdung der Handelsschiffahrt praktisch nicht mehr vorhanden war. So kann das gesamte Seegebiet der Nord- und Ostsee, in dem während des Zweiten Weltkrieges Tausende von Seeminen gelegt worden waren, als minenfrei gelten.

Suchen und Retten

Weit über die eigenen Grenzen hinaus hat der Seenot- und Rettungsdienst der Marine einen besonderen Namen. Im Marinefliegergeschwader 5, Kiel-Holtenau, ist der marine-eigene SAR-Dienst zusammengefaßt. In zwölf Jahren flogen die Hubschrauber der ersten Generation mehr als 3300 Rettungseinsätze, zum Teil unter schwierigsten Wetterbedingungen. Sie retteten dabei mehr als 2000 Menschen aus akuter Lebensgefahr. Die weitere Modernisierung der SAR-Mittel erfolgte durch Einführung von 22 Seaking-Hubschraubern, die in der Lage sind, auch unter Allwetterbedingungen ihren Auftrag zu erfüllen.

Während sich die Umrüstung der Minenstreitkräfte, wie auch die anderer schwimmender Verbände, in vergleichsweise langsamem Tempo vollzog, durfte das bei der Neuordnung des Seenot-Rettungsdienstes nicht geschehen. Dem Rettungsdienst (offizielle, internationale Abkürzung: SAR, Abkürzung für die englische Bezeichnung „Search and Rescue") war von Beginn des Aufbaus der Bundesmarine an hohe Priorität eingeräumt worden, da sich die Marine in ihrem Verantwortungsbereich, vor allem in dem Seeraum vor den deutschen Küsten in enger Zusammenarbeit mit den Seenotdiensten der benachbarten Länder und der Deutschen Gesellschaft zur Rettung Schiffbrüchiger für die Rettung in Not geratener Menschen zuständig wußte. Dabei gibt es feste Grenzen für eine Hilfeleistung auf See in Notfällen ebenso wenig wie die See selbst Grenzen besitzt. Man hilft sich gegenseitig, wenn erforderlich und soweit irgend möglich. Hilfsbereitschaft und Rettungseinsatz auf See machen auch vor Ländergrenzen nicht halt. Das Notsignal „SOS" hat auf See heute noch Gültigkeit wie eh und je, d. h., es verlangt sofortigen Rettungseinsatz aller, die es hören und in der Lage sind, Hilfe zu leisten.

Zur Seenotrettung hatte die Bundesmarine seinerzeit eine Anzahl großer und kleiner Flugsicherungsboote beschafft, ferner einige große „Flugboote" vom Typ „Albatros", die bei geringem Seegang „wassern" konnten und vor allem 26 Hubschrauber vom Typ Sikorsky S-58, der auch unter der NATO-Bezeichnung H-34 bekannt geworden ist.

Dieser Hubschrauber, von den Piloten liebevoll als „Sea Horse" (Arbeitspferd) bezeichnet, wurde seit 1954 von der Firma Sikorsky und anderen Firmen in Lizenz in mehreren tausend Exemplaren gebaut. Die Bundesmarine hatte ihn zunächst für drei verschiedene Aufgaben vorgesehen, nämlich außer dem Seenot-Rettungsdienst auch für den Minensuch- und -räumeinsatz und für U-Boot-Jagd. Von 1967 an wurden alle H-34 Marinehubschrauber ausschließlich für den Rettungseinsatz abgestellt.

Der von den Marinefliegern so freundlich als „Arbeitspferd" oder auch „Hummel" bezeichnete Sikorsky-Hubschrauber H-34 hat sich im Laufe der Jahre nicht nur fliegerisch bewährt, sondern auch in allen drei Teilstreitkräften der Bundeswehr viel geleistet. Bei der großen Flutkatastrophe an der Nordsee im Jahre 1962, von der besonders Hamburg betroffen war, legten Heeres-Hubschrauber vom Typ H-34 ihre erste Bewährungsprobe ab. Das Marinefliegergeschwader 5 (MFG 5), dem alle Seenot-Rettungsmittel und Verbindungsflugzeuge der Bundesmarine unterstehen, erhielt die ersten H-34-Hubschrauber im

Frühjahr 1963. Besatzungen und Techniker hatten mit dem gutmütigen Helikopter niemals große Schwierigkeiten.

In zwölf Jahren von 1963 bis 1975, flogen H-34-Hubschrauber der Bundesmarine mehr als 3300 Rettungseinsätze, zum Teil unter schwierigsten Wetterbedingungen. Sie konnten dabei nahezu 2000 Menschen aus Lebensgefahr befreien. Die Unfallrate der H-34 konnte dabei erfreulicherweise sehr niedrig gehalten werden.

Eine der letzten größeren Aktionen, an denen eine H-34 der Bundesmarine beteiligt war, fand am 20. März 1975 statt, als ein Hubschrauber der Außenstelle Borkum des MFG 5 nicht weniger als 112 Personen, meist Kinder, von dem Fährschiff „Frisia VI", das auf Grund geraten war, übernehmen und auf der Nordseeinsel Juist absetzte. Der damals eingesetzte H-34-Marine-Hubschrauber mit dem Kennzeichen „80-73" kann noch auf lange Zeit besichtigt werden. Er wird seinen letzten Standort im Deutschen Museum in München erhalten.

Die Ablösung der ersten Generation von Seenot-Rettungsmitteln stand zwölf Jahre nach Aufbaubeginn der Bundesmarine unabweisbar heran. Flugsicherungsboote und amphibische Flugboote vom Typ „Albatros", in ihrem Wirkungsbereich ohnehin begrenzt, entsprachen nicht mehr den Erfordernissen der Seenotrettung. Abhilfe mußte dringend geschaffen werden. Dies um so mehr, weil sich in den Jahren von 1965 bis 1967 Starfighter-Abstürze häuften. Flugzeuge dieses Typs flogen täglich auch über See, vor allem Maschinen der Bundesmarine, die in dem 1. und 2. Marinefliegergeschwader in Jagel bei Schleswig und Eggebek bei Flensburg beheimatet waren.

Unter dem Eindruck der Starfighter-Unfälle beabsichtigte die Marineführung zunächst, zwei der vorhandenen 13 Tender (ca. 2400 ts große Schiffe, die der Unterstützung der Kleinbootsgeschwader: U-Boote, Schnellboote und Schnelle Minensuchboote dienten und zum Teil auch als Schulschiffe verwendet wurden) zu Hubschrauberträgern umzubauen und in gegenseitiger Ablösung im Seegebiet der Deutschen Bucht ständig auf Position zu halten.

Die technische Entwicklung ging jedoch auch über dieses bereits im Anlaufen begriffene Vorhaben hinweg. Der amerikanische Hubschrauberspezialist Sikorsky hatte nämlich mit der „S-61" einen neuen Typ entwickelt, der sich für die Seenotrettung besonders anbot, und den u. a. die dänische Marine ankaufte und mit großem Erfolg einsetzte. So hatten im Jahre 1966 Hubschrauber dieses Typs beim Untergang einer zwischen Nordjütland und Südnorwegen verkehrenden Fähre bei Nacht und Sturm alle Passagiere und Besatzungsangehörigen retten können. Eine fliegerische, seemännische und technische Leistung ersten Ranges.

Angesichts dieser Entwicklung arbeiteten Experten im Führungsstab der Marine ein neues Seenot-Konzept aus, das eine Ablösung aller bisherigen Seenot-Rettungsmittel, einschließlich des auslaufenden Hubschraubers H-34, durch 22 Hubschrauber der „S-61-Familie" vorsah. Leidenschaftlicher Vertreter dieses neuen Seenot-Konzepts war der damalige Kapitänleutnant Ulrich Hundt, Sachbearbeiter im Führungsstab der Marine, dessen Sachkenntnis und Bewertung des neuen Einsatzmittels alle für eine Entscheidung Verantwortlichen, einschließlich der Abgeordneten des Bundestages, zu überzeugen vermochte.

Als geeignetster Seenotrettungs-Hubschrauber der „S-61-Familie" wurde nach sorgfältiger Prüfung schließlich der in England in Lizenz gebaute Typ „Sea King MK 41" ausgewählt, der neben den hervorragenden Flugeigenschaften der amerikanischen S-61 über spezielle Einrichtungen, insbesondere Navigationsmittel, verfügte, die dem Einsatzbereich in Nord- und Ostsee genau entsprachen. Diese Zusammenhänge wurden später gelegentlich mißdeutet, weil man nicht erkannt hatte, daß das amerikanische Vorbild S-61 und die englische Version des „Sea King" in ihrer Grundkonzeption identisch waren, wohl aber die „Sea King-Configuration" für eine Verwendung in Nord- und Ostsee, so wie sie die Bundesmarine geplant hatte, noch zusätzliche Vorteile erbrachte.

Vizeadmiral Günther Luther, Marineflieger, Jet-Pilot, seit 1. April 1975 Inspekteur der Marine, stellte hierzu wörtlich fest:

„Mit der „Sea King" erhält die Bundesmarine das zur Zeit mordernste fliegende SAR-Mittel mit hoher Flugdauer und Geschwindigkeit sowie Bergungsfähigkeit bei Nacht und besonders leistungsfähiger, elektronischer Ausrüstung. Durch die Wahl eines Zwei-Turbinen-Hubschraubers haben wir der Forderung nach hoher Flugsicherheit über See entsprochen. Damit wird der SAR-Dienst noch effektiver werden, insbesondere, was den Einsatz bei Nacht und bei widrigen Wetterverhältnissen angeht."

Das hochtechnisierte SAR-Mittel „Sea King" verlangt allerdings einen hohen Leistungsstand der Besatzungen, die inzwischen von der H-34 auf den neuen Typ in England umgeschult wurden. Inzwischen hat das Marinefliegergeschwader 5 in Kiel-Holtenau alle 22 „Sea King"-Hubschrauber übernommen. Auch die Außenstellen Borkum und Westerland können ständig „Sea King"-Hubschrauber einsetzen. Ab 1. April 1977 wird Helgoland als dritte Außenstelle des Marine-SAR-Dienstes voll ausgerüstet sein.

Die fliegende Komponente

Einer langjährigen Forderung der Marineflieger entsprechend, soll in absehbarer Zeit das bisherige Standardkampfflugzeug F-104 G durch das in deutsch-britisch-italienischer Gemeinschaft entwickelte MRCA ersetzt werden. Eine Maschine, die mit zwei Triebwerken und zwei Mann Besatzungen den Erfordernissen des Luftkrieges in besonderer Weise gerecht werden soll. Zur Diskussion steht ferner die Ablösung des Seefernaufklärers und fliegenden U-Jägers vom Typ Bréguet Atlantic durch eine modernere Maschine.

Dem Marinefliegergeschwader 5 obliegt als Marinedienst- und Seenot-Geschwader nicht nur die Verantwortung für den Seenot-Rettungsdienst, sondern auch für Luft-Verbindungsaufgaben, soweit sie in den Zuständigkeitsbereich der Marine fallen. Zu diesem Zweck hat das Geschwader vor einiger Zeit 20 Flugzeuge vom Typ Do-28 SKYSERVANT für Transport- und Verbindungsaufgaben, vor allem im Küstenbereich erhalten. Dieses anspruchslose Zwei-Propeller-Mehrzweckflugzeug, von dem altbekannten deutschen Flugzeughersteller Dornier in größeren Stückzahlen für die Bundeswehr gebaut, ist in der Lage, auch auf einfachen, kurzen Pisten zu starten und zu landen. In der Bundesmarine hat die Do-28 die in England angekaufte PEMBROKE ersetzt, die diesen Verbindungsdienst mehr als 15 Jahre lang versehen hat.

Über eine Nachfolge des Fernaufklärers „Bréguet Atlantic“, des größten Kampfflugzeuges der Bundeswehr, das um 1980 am Ende seiner Lebensdauer angelangt sein dürfte, ist noch nicht entschieden. Für eine Ablösung kommen mehrere neuere Typen in Betracht, die von verschiedenen ausländischen Firmen hergestellt werden.

Wie leistungsfähig die „Bréguet Atlantic“ heute noch ist, stellte eine Besatzung des Marinefliegergeschwaders 3 „Graf Zeppelin“ unter Beweis. Auf einem Langstrecken-Navigationsflug flog die Besatzung unter ihrem Kommandanten, Kapitänleutnant Batzdorf, von dem Heimatflugplatz des Geschwaders, Nordholz bei Cuxhaven, über Nordnorwegen und an Island vorbei in den nordatlantischen Raum und kehrte nach einem Non-Stop-Flug von 20 Stunden und 20 Minuten nach Nordholz zurück. Das Flugzeug hatte damit einen „Bundeswehr-Rekord“ aufgestellt, denn nie zuvor war eine Maschine der Bundeswehr länger ununterbrochen in der Luft.

Ähnliche Langstrecken-Navigationsflüge hatten „Bréguet Atlantic“-Flugzeuge zur Schulung der Besatzungen seit Jahren erfolgreich absolviert. An einigen von ihnen nahm ich teil und konnte mich dabei von der Leistungsfähigkeit des „Flüsternden Riesen“ unter allen denkbaren Klimabedingungen überzeugen. Das Flugzeug besitzt zwei Rolls-Royce-Turbinen-Triebwerke. Bei den damaligen drei Flügen wurden in mehr als 100 Flugstunden über dem Nordatlantik u. a. Thule (Nordgrönland), Keflavik (Island), Lajes (Azoren) und Jacksonville (Florida), zum Teil unter äußerst schwierigen Wetter- und Landebedingungen, angeflogen. Besonders beeindruckten Haltung und Können der zwölfköpfigen Besatzungen, die das Flugzeug und seine Navigations- und Waffenanlagen in jeder Situation sicher beherrschten.

Mit Abstand das umfangreichste Umrüstungsprojekt der Marinefliegerverbände und gegenwärtig der Bundesmarine überhaupt ist das in der Entwicklung weit fortgeschrittene Nachfolgemuster der F-104 G Starfighter, heute allgemein bekannt unter der Abkürzung seiner englischen Typenbezeichnung MRCA (Multi Role Combat Aircraft), gleichbedeutend mit Mehrzweck-Kampfflugzeug, das von Bundesverteidigungsminister Leber einmal als größtes europäisches Rüstungsvorhaben der Gegenwart bezeichnet wurde.

Die Marine wird Anfang der 80iger Jahre voraussichtlich 100 Flugzeuge dieser deutsch-britisch-italienischen Gemeinschaftsentwicklung erhalten. Für sie zeichnet die PANAVIA Aircraft GmbH., München, gemeinsam mit den Gesellschaftsfirmen Messerschmitt-Bölkow-Blohm auf deutscher Seite, der British Aircraft Corporation und der Aeritalia verantwortlich. PANAVIA Aircraft GmbH. hat als Hauptmerkmale dieses zweisitzigen Überschall-Schwenkflüglers, der mit zwei Rolls Royce-Düsen-Triebwerken ausgerüstet ist, Sicherheit, Eignung für extremen Tiefflug, uneingeschränkte Einsatzmöglichkeiten bei Tag und Nacht unter allen Wetterbedingungen, zu niedrigstmöglichen Kosten herausgestellt. Sie bezeichnet das MRCA als das überlegene Kampfflugzeug der kommenden Jahre.

Die deutsche Luftwaffe wird voraussichtlich etwa 320 Flugzeuge dieses Typs erhalten, die britische 385, die italienischen Luftstreitkräfte etwa 100. Insgesamt werden also vorerst ca. 800 MRCA für die Bundesrepublik, Großbritannien und Italien geliefert werden.

Vizeadmiral Günter Luther, hatte an dieser für die Bundesmarine sehr positiv verlaufenden Entwicklung maßgebenden Anteil. Als Referent im Führungsstab der Marine nahm er in dem entscheidenden Abschnitt der Planungsphase an allen vorbereitenden Verhandlungen teil und konnte dank seiner fundierten Sachkenntnis und Erfahrung als Marineflieger alle Forderungen der Marineführung, die nicht unerhebliche Abweichungen von denen der Luftwaffe beinhalteten, in vollem Umfang durchsetzen. Nach Umrüstung der Marineflieger-Division auf das MRCA werden die Marinefliegerverbände der Bundesmarine für sich in Anspruch nehmen können, zu den modernsten See-Luft-Streitkräften im NATO-Bündnis zu gehören.

Fregattenprojekt 122

Die Aufrechterhaltung des Anspruches, eine „moderne Marine“ zu bleiben, hat den Führungsstab veranlaßt, bereits vor geraumer Zeit Vorschläge für die Ablösung der völlig veralteten Zerstörer vom Typ Fletcher und des Ersatzes der ebenfalls überalterten Fregatten der Köln-Klasse zu unterbreiten. Es geht dabei um die Fregatte 122, einen Schiffstyp von ca. 3500 t, der in der Lage sein soll, seine Kampfaufgaben auch unter Schlechtwetterbedingungen zu erfüllen. Nach den Vorstellungen der Marine sind acht Einheiten erforderlich, um die der Bundesmarine gestellten Aufgaben erfüllen zu können.

Neben der Umrüstung der Marineflieger, die in den nächsten Jahren abgeschlossen sein wird, und nach Beendigung des Aufbaues der U-Boot-Waffe und endgültigen Ablösung der ersten Schnellboot-Generation durch 40 Raketenschnellboote, ergab sich die Notwendigkeit einer Modernisierung der größten schwimmenden Einheiten der Flotte in den letzten Jahren zwangsläufig.

Vor dem Auslaufen der mehr als 30 Jahre alten „Fletcher"-Zerstörer und nach Ablauf der etwa halben Lebensdauer der Fregatten der „Köln"-Klasse rückt die Ablösung dieser ersten Schiffsgeschwader der Bundesmarine unabweisbar heran.

Die Marineführung hat daher seit einiger Zeit das Programm der „Fregatte 122" entwickelt, ein Schiffstyp von ca. 3500 ts (kleiner also als die Zerstörer der „Lütjens"-Klasse), von dem acht Schiffe mit einem Kostenaufwand von je ca. 250 Millionen DM in Gemeinschaftsarbeit mit der niederländischen Marine gebaut werden sollen.

Ende 1974 fand in diesem Zusammenhang eine Aussprache deutscher und niederländischer Regierungsvertreter auf hoher Ebene statt, in der sich weitgehende Übereinstimmung der Auffassungen ergab. Bereits zwei Jahre vorher hatte eine NATO-Projekt-Gruppe begonnen, ein gemeinsames Konzept für eine NATO-Fregatte zu entwickeln. Die NATO Naval Armaments Group (NNAG), der alle NATO-Mitglieder angehören, hatte am 13. Juni 1974 dieses Konzept als NATO-Projekt anerkannt. Anschließend hatten die Bundesrepublik und die Niederlande beschlossen, das Projekt gemeinsam weiterzuentwickeln. Beide konnten eine Übereinstimmung des Zeitplans für den notwendigen Ersatz ihrer zur Zeit im Dienst befindlichen Zerstörer und Fregatten mit dem des NATO-Fregatten-Projekts feststellen. Gewisse Varianten, die zwischen dem deutschen und niederländischen NATO-Fregatten-Konzept bestehen, können berücksichtigt werden. Darüber hinaus sind beide Länder bemüht, eine Standardisierung mit Komponenten in Fregatten-Vorhaben anderer Bündnispartner zu erreichen. Insbesondere auf den Gebieten der Versorgung, Materialerhaltung und Ausbildung wird eine enge Zusammenarbeit angestrebt, um Erfahrungen und Leistungen Einzelner für die Gemeinschaft auszunutzen und kostenaufwendige Parallelentwicklungen zu vermeiden.

Die FREGATTEN 122 werden nach dem neuesten Stand der Führungs- und Waffentechnik ausgestattet und, dem gültigen Konzept der Bundesmarine entsprechend, den Einsatzbedingungen in dem vorgesehenen Operationsraum, vornehmlich der Nordsee, weitgehend angepaßt sein. Die technischen Führungseinrichtungen korrespondieren mit denen der modernen Schiffe und Boote der Flotte und garantieren einen flexiblen Einsatz der Neubauten nach den neuesten Führungsgrundsätzen. Das Projekt FREGATTE 122 wurde inzwischen dem Haushaltsausschuß des Bundestages vorgetragen und befindet sich auf gutem Wege.

Als guter Grundsatz der Marinen hat sich in einer Zeit der raschen technischen Fortschritte herausgestellt, ihre größeren Schiffe mit einer Lebensdauer von 25 Jahren oder mehr nach etwa der Hälfte dieser Zeit zu modernisieren, soweit sich das für den jeweiligen Schiffstyp anbietet, um seine Kampfkraft zu steigern. So rüstet z. B. die US-Navy Flugzeugträger und Zerstörer nach diesem Grundsatz um, wobei längere Werftliegezeiten der betroffenen Einheiten in Kauf genommen werden. Das Verfahren hat sich auch als besonders „kostenwirksam" erwiesen, zumal die erforderlichen Umbaukosten im Vergleich zu denen eines Neubaues gleichen oder ähnlichen Typs heute günstiger liegen denn je.

Auch die Bundesmarine hat sich diese Erkenntnisse zu eigen gemacht. Der Umbau der zehn Schnellboote der „Zobel"-Klasse war ein erster Schritt in dieser Richtung. Nun wurde auch für die vier Zerstörer der „Hamburg"-Klasse ein Nachrüstungsprogramm bewilligt, das in den Jahren von 1975 bis 1977 verwirklicht werden soll. Die vier Schiffe werden – ebenso wie die Schnellboote der Klassen 143 und 148 – mit Schiff/Schiff-Flugkörpern vom Typ MM 38 ausgerüstet, wobei der Doppelstarter anstelle eines Geschützturmes tritt. Außerdem wird die U-Jagd-Bewaffnung verbessert. Die Zerstörer der „Hamburg"-Klasse werden damit auf Jahre hinaus ganz beträchtlich an Kampfkraft gewinnen. Eine Umrüstung der Fregatten der „Köln"-Klasse ist nicht vorgesehen.

Versorgung und Stützpunkte

Kein modernes Kampfschiff ist in der Lage zu kämpfen, wenn die Versorgungskette nicht funktioniert. Um dieser Forderung gerecht zu werden, hat schon das erste Schiffbauprogramm den Neubau besonders konstruierter Versorgungsschiffe beinhaltet, die den Kampfeinheiten in See zur Seite stehen sollen. Die Versorgungsflottille im Bereich der Flotte erfüllt diesen Auftrag. Bis auf die Versorger der „Lüneburg"-Klasse tragen alle schwimmenden Einheiten dieser Aufgabenstellung zivile Besatzungen. Sie übernehmen ihre Versorgungsgüter in den Stützpunkten. Bis auf die Basis Olpenitz an der Schlei-Mündung wurde nach dem Zweiten Weltkrieg kein neuer Stützpunkt eingerichtet. Die bestehenden Anlagen erfuhren umfangreiche Modernisierungen, wobei Wilhelmshaven mit seiner vierten Einfahrt einen besonderen Platz einnimmt. Die Fliegerhorste der Marinefliegerdivision entsprechen ebenfalls dem in der NATO üblichen Standard.

Von Beginn des Aufbaus an hat die Marineführung der Bereitstellung ausreichender Versorgungsmöglichkeiten für die laufende Unterstützung und Unterhaltung der Flotteneinheiten besondere Aufmerksamkeit gewidmet. Die hierzu gehörigen schwimmenden Einheiten und Landeinrichtungen sind, wie es heute allgemein in den Streitkräften üblich ist, unter dem Dachbegriff „Logistik“ zusammengefaßt.

Material- und Munitionsdepots der Bundesmarine sind auf die Küstenbereiche der Nord- und Ostsee so aufgeteilt, daß die Stützpunkte der Flottenverbände auf möglichst kurzem Versorgungswege erreicht werden können. Einige Marinedepots befinden sich auch im Ausland.

Großen Wert besitzt die „schwimmende Versorgung“, sie stützt sich auf Versorgungsfahrzeuge verschiedenster Art und Größe, deren Aufgabe es ist, den Seestreitkräften auch außerhalb der Stützpunkte benötigtes Material an Bord zu geben und Zubringerdienste zu leisten. Etwa 100 Versorgungs- und Hilfsschiffe werden zur Zeit im Dienst gehalten, darunter acht Versorger der „Lüneburg“-Klasse, die, wie auch einige weitere größere Schiffe, die „Versorgungsflottille“ bilden, die unmittelbar dem Flottenkommando untersteht. Diese Schiffe sind in der Lage, Kampfeinheiten der Flotte in See mit Nachschubgütern aller Art, einschließlich Betriebsstoffen, Munition, Ersatzteilen, Verbrauchsstoffen und Proviant auszurüsten.

Die Schiffe der „Lüneburg“-Klasse wurden Mitte bis Ende der 60iger Jahre gebaut. Sie haben eine Wasserverdrängung von 3300 ts, eine Besatzung von ca. 100 Mann und können etwa 1100 t Versorgungsgüter mitführen.

Kampfeinheiten der Flotte üben zusammen mit Schiffen der Versorgungsflottille, bei größeren Manövern häufig unter einsatzmäßigen Bedingungen, die Übernahme von Material aller Art auf hoher See und in Fahrt. Bei schlechtem Wetter eine seemännische Delikatesse, die ein hohes Maß an Können aller Beteiligten erfordert. Die technischen Einrichtungen auf einem großen Versorgungsschiff erlauben es, bei normaler Marschfahrt an Steuerbord- und Backbordseite je eine größere Kampfeinheit, z. B. Zerstörer der „Lütjens“-Klasse, gleichzeitig und in kurzer Zeit mit dem benötigten Material zu versorgen.

Außer den zur Versorgungsflottille gehörenden Schiffen stehen den Marine-Stützpunkt-Kommandos Versorgungs- und Hilfsfahrzeuge verschiedener Typen zur Verfügung, einschließlich einiger Werkstattschiffe, Eisbrecher und zahlreicher Schlepper. Mit Ausnahme der Versorger der „Lüneburg“-Klasse haben alle schwimmenden Versorgungseinheiten zivile Besatzungen.

Für administrative Transportaufgaben wird ein „Landungsgeschwader" in Borkum mit insgesamt 17 Mehrzweck-Landungsbooten in Dienst gehalten. Operative Landungsaufgaben hat das Geschwader nicht mehr.

Ursprünglich hatte die Marine – in Übereinstimmung mit den damals gültigen NATO-Forderungen – vorgesehen, einen größeren Landungsverband aufzustellen. Hierzu wurden von den USA einige geeignete Kampflandungsfahrzeuge erworben, außerdem das Fährschiff „City of Havanna", das zum Landungsschiff umgebaut, d. h. für den Seetransport kleinerer Kampf-Landungsfahrzeuge eingerichtet werden sollte. Zu dem Umbau ist es jedoch wegen später geänderter militärischer Forderungen niemals gekommen. Wesentlicher Grund für diese unvorhergesehene Entwicklung, die seinerzeit in der Öffentlichkeit einiges Aufsehen erregte, waren neue Vorstellungen der verantwortlichen NATO- und nationalen militärischen Führungsstellen über die Notwendigkeit von Landungsverbänden in den für die Bundesmarine in Betracht kommenden Einsatzgebieten. Auch die uns benachbarten Marinen unterhalten keine Verbände dieser Art. Inzwischen sind auch die von den USA gelieferten Boote außer Dienst gestellt und nur noch kleinere, amphibischen Transportaufgaben dienende Boote in der Bundesmarine vorhanden.

Dem Landungs-Einsatzverband zugeordnet war seinerzeit eine kleine Marinegruppe, die man getrost als Elite-Einheit bezeichnen kann, nämlich die Kampfschwimmer-Kompanie. Nach strengen Maßstäben ausgesuchte, harte Männer sind in ihr zusammengefaßt, die unter extrem hohen körperlichen einsatzmäßigen und moralischen Anforderungen für besondere Aufgaben geschult sind. Diese im internationalen Sprachgebrauch allgemein als „Ranger" (Sondereinsatz-Kommando) bezeichneten Einzelkämpfer gibt es auch heute noch in vielen Streitkräften. Wer eine solche Einsatzgruppe bei einer ihrer waghalsigen Übungen beobachten konnte, wird den Einzelkämpfern der Kampfschwimmerkompanie seinen Respekt vor ihrem persönlichen Mut, ihrem Einsatzwillen und ihren hervorragenden Leistungen nicht versagen. Die Kampfschwimmer-Kompanie ist heute der Marine-Unterwasserwaffenschule in Eckernförde angeschlossen, da hier die besten Ausbildungsmöglichkeiten vorhanden sind.

„Marinestützpunkte" im eigentlichen Sinne, d. h. organisatorisch einem Marine-Stützpunkt-Kommando unterstellt, gibt es an der Nordseeküste nur noch in Wilhelmshaven und Borkum, an der Ostseeküste in Kiel, Flensburg-Mürwik und Olpenitz (b. Kappeln). Mit Ausnahme von Olpenitz waren alle heutigen

Marinestützpunkte auch vor dem Zweiten Weltkrieg Basis für mehr oder weniger große Marineverbände und -einheiten.

In Wilhelmshaven wurden die Liegeplätze für Schiffe und Boote und zugehörigen Stützpunkt-Anlagen allerdings nach dem Kriege nicht wieder in dem Hafenbereich innerhalb der zerstörten, großen Seeschleusen aufgebaut, sondern außerhalb der wiederhergestellten größten Schleuse, der „4. Einfahrt" neu geschaffen. Die dadurch entstandene neue Marinebasis „Heppenser Groden", unweit der ebenfalls erst nach dem Kriege entstandenen „Öl-Pier" für Großtanker gelegen, wurde nach elfjähriger Bauzeit am 9. August 1968 feierlich eingeweiht. Es entstanden 55 Hochbauten und ein 93 ha umfassender Marinehafen. Die beiden Schleusenkammern gehören mit 390 Meter Länge und 60 Meter Breite zu den größten Bauwerken ihrer Art in der Welt. Mehr als 300 in- und ausländische Firmen beteiligten sich an der Erstellung dieser Basis. Die Gesamtkosten beliefen sich auf 300 Mill. DM. Dank ihrer Abmessungen ist die 4. Einfahrt in der Lage, ganze Geschwaderverbände aufzunehmen, so daß zeitraubendes Aus- und Einschleusen entfällt. Die vorbildliche Anlage besitzt Liegeplätze für fünf Geschwader. Besonderer Vorteil dieser neuen Stützpunkt-Anlage ist es, daß in Wilhelmshaven ein- und auslaufende Schiffe und Boote keine Schleusen mehr zu passieren haben, um an ihre Liegeplätze zu gelangen.

Innerhalb der Schleusen befindet sich der Instandsetzungsbetrieb des „Marinearsenals", der neben dem in Kiel gelegenen Arsenalbetrieb Raparaturen und Modernisierungen an Schiffen und Booten vornimmt. Das Marinearsenal gehört nicht zum Verantwortungsbereich der Marine selbst, sondern zum Rüstungsbereich der Bundeswehr. Die Marine ist jedoch über das „Marine-Unterstützungskommando", das ebenfalls in Wilhelmshaven beheimatet ist, für die Instandsetzungslenkung, d. h. für das Leit-, Planungs- und Kontrollmanagement, von Schiffen und Booten der Bundesmarine verantwortlich. Marineeigenen Schiffbau gibt es nicht mehr.

Außer dem Arsenalbetrieb ist im inneren Hafenbereich von Wilhelmshaven u. a. auch die „Reserve-Flottille" der Bundesmarine stationiert, zu der außer Dienst gestellte, „eingemottete" Fahrzeuge gehören.

Bei der Einrichtung der Basis Olpenitz, östlich der Schlei-Mündung gelegen, war im wahrsten Sinne des Wortes Neuland zu betreten. An dieser Stelle ist auf einem bis dahin unbebauten Strand- und Wiesengelände „aus dem Nichts" im Laufe der Jahre ein leistungsfähiger Stützpunkt für Schnellboote und Minenräumboote entstanden, deren Einsatzgebiet vornehmlich im Ostseebereich liegt.

Auch nach Übernahme des Stützpunktes Olpenitz durch die Bundesmarine, die 1968 erfolgte, war noch harte „Pionierarbeit" zu leisten. Anerkennung gebührt allen denen, die es nach grober Fertigstellung von Hafen- und Stützpunkt-Anlagen erreichten, aus den ersten kärglichen Einrichtungen, vor allem auf dem so wichtigen Betreuungsgebiet, weitgehend in eigener Initiative einen vollwertigen Marinestützpunkt zu schaffen.

Allen voran setzte sich der erste Stützpunkt-Kommandeur von Olpenitz, Kapitän zur See Helmut Dau, in vorbildlicher Weise für eine rasche Fertigstellung und Ausstattung der Betreuungs- und Unterbringungsanlagen des Stützpunktes ein. Ihm kamen dabei seine umfangreichen Erfahrungen zugute, die er einige Jahre vorher unter ähnlichen Verhältnissen bei der schrittweisen Herrichtung des Insel-Stützpunktes Borkum erworben hatte.

Olpenitz mag heute vielleicht nicht einer der attraktivsten Stützpunkte der Bundesmarine sein. Über das Stadium von „Olpe Sibirsk", wie ihn die ersten dort stationierten Mariner scherzhaft-kritisch nannten, ist er aber mit den Jahren weit hinausgewachsen. Gut eingerichtete Betreuungsheime sind für alle Dienstgrade im Stützpunkt-Gelände vorhanden, dazu, nur wenige Kilometer entfernt, in Kappeln-Ellenberg, eines der neuesten Soldatenheime, die als Stätten der Begegnung Soldaten und Zivilbevölkerung in gleicher Weise zur Entspannung und Unterhaltung zur Verfügung stehen. Die geräumigen Hafenanlagen, von der offenen See durch eine solide Molen-Anlage getrennt, bieten den Schiffen und Booten an den gut ausgestatteten Liegeplätzen sicheren Schutz.

In den allgemein sehr beliebten Standorten Kiel und Flensburg lagen von Anfang an sehr viel günstigere Voraussetzungen für die Wiedereinrichtung von Marine-Stützpunkten vor, da weitgehend auf noch vorhandene, alte Marineanlagen und Liegeplätze zurückgegriffen werden konnte. Dennoch dauerte es auch hier einige Jahre, bis die noch aus dem Zweiten Weltkrieg stammenden Anlagen, die sich zum Teil in sehr schlechtem Zustand befanden, instandgesetzt und durch Zusatzbauten und -einrichtungen so weit ergänzt wurden, daß sie den Erfordernissen und Ansprüchen unserer Flotte gerecht wurden.

In allen Stützpunkten ergaben sich gegenüber der Vorkriegszeit neuartige Anforderungen dadurch, daß die heutigen Flottenverbände der Bundesmarine sich hauptsächlich aus kleineren Einheiten zusammensetzen, auf denen nur sehr beschränkte Unterbringungsmöglichkeiten vorhanden sind. Die Stützpunkte der Bundesmarine berücksichtigen diesen Gesichtspunkt weitgehend, d. h. es stehen in den Heimathäfen der

Geschwader heute erheblich mehr Unterkünfte und Betreuungsanlagen für den einzelnen Soldaten zur Verfügung, als das früher der Fall war.

Bis zum Jahre 1969 war auch Cuxhaven beliebter Marine-Stützpunkt und insbesondere Heimathafen für Minenstreitkräfte im Nordseebereich. Auch der Stab des Befehlshabers der Seestreitkräfte der Nordsee (BSN) war damals in Cuxhaven stationiert. Im Zuge der Reduzierung der Zahl der Marine-Stützpunkte, der vor allem rationelle Erwägungen zugrunde lagen, mußte dieser traditionelle Marine-Stützpunkt trotz Einspruchs der Stadt Cuxhaven, leider aufgegeben werden. Das 6. Minensuchgeschwader verlegte am 4. Juni 1969 nach Wilhelmshaven.

Neben den Marine-Stützpunkten, die vor allem den schwimmenden Einheiten der Flotte und des Ausbildungsbereichs dienen, gibt es an den Küsten der Nord- und Ostsee zahlreiche Standorte und kleinere Plätze, in denen Land-Marineteile stationiert sind. Hierzu gehören u. a. die Dienststellen des „Marine-Führungsdienstkommandos“ mit ihren an der Küste weitgestreuten Fernmelde- und Ortungsstellen, die Seetaktische Lehrgruppe und Stammdienststelle der Marine (personalbearbeitende Dienststelle für Unteroffiziere und Mannschaften) in Wilhelmshaven, Schulen und Ausbildungsbataillon, Transportbataillone, Munitions- und Materialdepots und nicht zuletzt die Marine-Musik-Korps Nordsee und Ostsee. Die Standorte dieser Landeinheiten der Bundesmarine, in ihrer Größe sehr unterschiedlich, reichen von Borkum bis List auf Sylt im Nordseebereich und an der Ostsee von Flensburg-Mürwik bis zur Insel Fehmarn und Grossenbrode an der Lübecker Bucht.

Den Marine-Stützpunkten für die schwimmenden Einheiten entsprechen bei den Fliegerverbänden die vier Marine-Fliegerhorste in Jagel bei Schleswig, Eggebek bei Flensburg, Nordholz bei Cuxhaven und Kiel-Holtenau. Jagel und Eggebek sind Basis für die Marine-Fliegergeschwader 1 und 2 mit ihren Starfighter-Kampf- und Aufklärungsverbänden, Nordholz für das Marine-Fliegergeschwader 3 mit den „Bréguet Atlantic“ Fernaufklärer- und U-Jagdmaschinen und Kiel-Holtenau für das Marinedienst- und Seenotgeschwader 5.

Start- und Landebahnen sowie die technischen Einrichtungen der vier Marine-Flugplätze wurden im Laufe der Jahre verbessert und entsprechen heute dem Standard moderner Einsatzflugplätze. Dies gilt besonders auch für die Einrichtungen der Flugsicherung. Die Qualität von Unterbringungs- und Betreuungsanlagen ist unterschiedlich und teilweise verbesserungsbedürftig.

Von den drei dem Führungsstab der Marine unmittelbar nachgeordneten höheren Kommandobehörden hat das Flottenkommando seinen Dienstsitz in Glücksburg bei Flensburg, das Marineamt und das Marineunterstützungskommando liegen, ebenso wie der dem Flottenkommando unmittelbar nachgeordnete Befehlshaber der Seestreitkräfte der Nordsee, in Wilhelmshaven.

Das Marineunterstützungskommando wurde erst am 1. Oktober 1974, gleichzeitig mit dem Marineführungsdienstkommando, neu aufgestellt. Bis dahin gliederte sich die Marine über lange Jahre in nur zwei dem Bundesministerium der Verteidigung unmittelbar nachgeordnete höhere Kommandobehörden, nämlich das FLOTTENKOMMANDO mit seinen Kampfverbänden und zwei in den Marinedivisionen Nordsee und Ostsee zusammengefaßten Unterstützungsbereichen sowie das MARINEAMT mit sieben Inspektionen, ihnen unterstellten Ausbildungs- und Versuchsdienststellen, der Marine-Stammdienststelle und dem Materialamt der Marine.

Steigende Tendenz der Betriebskosten, die allmählich ein unerträgliches Ausmaß annahmen, und rapide Kostenentwicklung bei der Beschaffung militärischen Materials führten Anfang der 70iger Jahre zu einer Analyse der Marineorganisation, zu der auch ein Unternehmen für Planungsberatung herangezogen wurde.

Am 9. März 1972 ordnete der Bundesminister der Verteidigung nach Prüfung der Untersuchungsergebnisse an, die Marine in drei Kommandobereiche zu gliedern: Flottenkommando, Marineamt und Marineunterstützungskommando.

Das FLOTTENKOMMANDO mit dem Befehlshaber der Seestreitkräfte der Nordsee, den schwimmenden und fliegenden Kampf- und Unterstützungsverbänden sowie den Verbänden und Einrichtungen der Marineführungsdienste blieb von der Neuordnung im wesentlichen unberührt. Die bis dahin zum Flottenbereich gehörenden Marinedivisionen Nordsee und Ostsee in Wilhelmshaven und Kiel wurden in Marineabschnittskommandos umgewandelt und dem Marineunterstützungskommando zugeordnet. Dagegen blieben die Einheiten der Führungsdienstorganisation, d. h. der landgebundenen Fernmelde- und Ortungsdienste, dem FLOTTENKOMMANDO unterstellt. Sie wurden unter dem Marineführungsdienstkommando zusammengefaßt.

Das MARINEAMT wurde in die drei Abteilungen: Ausbildung, Rüstung und Marinesanitätsdienst aufgeteilt. Die Abteilung Ausbildung ist für Ausbildungsplanung, -gestaltung und -steuerung verantwortlich, die bis dahin auf die Inspektionen verteilt waren. Die Abteilung Rüstung nimmt, in enger Zusammenarbeit mit dem zivilen Rüstungsbereich der Bundeswehr, alle Aufgaben auf den Gebieten Marinetechnik, insbesondere Systemtechnik, wahr. Die Aufgaben für den Marinesanitätsdienst blieben im wesentlichen unverändert.

Hauptaufgabe des neugeschaffenen MARINEUNTERSTÜTZUNGSKOMMANDOS ist die Sicherstellung des laufenden Betriebes der Flotte wie auch alle anderen Einheiten und Dienststellen, für die die Marine verantwortlich ist. Zum Kommando gehören eine Abteilung Material, eine Abteilung Betrieb und eine Unterabteilung Systembetreuung. Die vor der Umgliederung den Marinedivisionen zugeordneten Aufgaben gingen mit der Unterstellung der neugebildeten Marine-Abschnittskommandos in die Zuständigkeit des Marineunterstützungskommandos über.

Marineunterstützungskommando und Marineführungsdienstkommando wurden am 1. Oktober 1974 aufgestellt, am 1. April 1975 war die Neuordnung der Kommandostruktur der Bundesmarine abgeschlossen. Die damit geschaffene gegenwärtige Organisationsform der Bundesmarine, die sich in nahezu 20 Jahren entwickelt hat, erscheint nicht nur nach Kostengesichtspunkten vernünftig, sondern ist auch geeignet, eine reibungslose Zusammenarbeit aller Marinedienststellen untereinander und mit den in Betracht kommenden anderen militärischen wie auch zivilen Dienststellen sicherzustellen. Da die Realisierung der Neuorganisation sich über mehrere Jahre erstreckte, verliefen die erforderlichen Umstellungen auch für die unmittelbar Betroffenen verhältnismäßig reibungslos.

Rückblick

Vergleicht man die Bundesmarine von heute mit ihren ersten mühsamen Anfängen, so zeigt sich eine stetige Entwicklung über Jahre des Übergangs bis zur Gegenwart, in der die Flotte mit hochmodernen kampfstarken Schiffen, Booten und Flugzeugen ausgerüstet ist. In den kommenden Jahren wird sich der gegenwärtige gute materielle Ausrüstungsstand sogar noch steigern, wenn die zulaufenden Schnellboote der Klasse 143 und in absehbarer Zeit auch der KLASSE 162 (Tragflügelboote) in Dienst gestellt sein werden. Hinzu kommt das Projekt der FREGATTE 122, die zu Beginn der 80iger Jahre die hochbetagten Zerstörer der „Fletcher"-Klasse und dann auch auslaufenden Fregatten der „Köln"-Klasse ablösen wird. Der Aufbau der U-Bootwaffe ist abgeschlossen. Die Modernisierung der „Hamburg"-Zerstörer und der Minenstreitkräfte ist im Gange.

Bei den Marinefliegern ist der Seenotrettungsdienst voll auf den Hubschrauber SEAKING umgestellt, der mit seinem Zwei-Turbinen-Triebwerk und sonstigen neuesten technischen Einrichtungen heute als das leistungsfähigste Seenotrettungsmittel der Welt gilt. Nach Umrüstung der beiden „Starfighter"-Geschwader auf das neuentwickelte zweistrahlige, zweisitzige Muster MRCA, das auch die Luftwaffe erhält, und einem noch festzulegenden Ersatz für den Fernaufklärer BRÉGUET ATLANTIC werden die deutschen Marinefliegerverbände zu den bestausgerüsteten im NATO-Bündnis gehören.

Im Ausbildungs- und Unterstützungsbereich konnten in den zurückliegenden Jahren ebenfalls große Fortschritte erreicht werden. Die Neuordnung der Marineorganisation sowie des Ausbildungs- und Bildungskonzepts halten mit der eindrucksvollen Entwicklung Schritt, die die Bundesmarine in den rund 20 Jahren seit dem Aufbaubeginn der Bundeswehr genommen hat. Mit etwa 37 000 Soldaten, bei denen Berufs- und Zeitsoldaten die Wehrpflichtigen bei weitem überwiegen, und etwa 9000 Zivilpersonen gehört die Bundesmarine heute auch nach dem Personalumfang, nächst den Marinen der USA, Großbritanniens und Frankreichs, zu den größeren, bestausgerüsteten Marinen des NATO-Bündnisses und der westlichen Welt.

Ausbildungs- und Leistungsstand, Einsatzbereitschaft und Moral haben in der Bundesmarine, auch gemessen am internationalen Maßstab, hohes Niveau, wie zahlreiche gemeinsame Übungen und Wettbewerbe mit unseren Bündnispartnern bewiesen haben. Der Zulauf neuer, mit modernen Führungs- und Waffensystemen ausgerüsteter Schiffe, Boote und Flugzeuge hat die Dienstfreudigkeit noch erhöht, da die Männer das Bewußtsein haben, nach Jahren der Improvisation und des Übergangs, in denen vielfach mit „Bordmitteln" gearbeitet werden mußte, die ihnen anvertrauten Aufgaben heute unter Verhältnissen wahrnehmen zu können, die denen anderer moderner Marinen ebenbürtig sind.

Es wäre aber nicht richtig, anzunehmen, daß sich eine solche erfreuliche Entwicklung „automatisch", d. h. ohne intensiven persönlichen Einsatz aller Verantwortlichen, ergeben könnte. Haltung und Leistungen innerhalb einer bestimmten Einheit sind durchaus nicht immer gleichzusetzen mit denen anderer Einheiten. Das Gegenteil ist der Fall. Maßgebend für das Gesamtbild, besonders für Dienstfreudigkeit, Teamwork und Können sind auch heute noch verständnisvolle Führung der Vorgesetzten, vorbildliche Haltung, klare Aufgabenstellung und Eingehen auf den Einzelnen auch in seinem persönlichen Bereich, dort wo es angebracht ist. Die Verhältnisse liegen hier also nicht wesentlich anders als bei vergleichbaren zivilen Stellungen und Berufen.

Über Mangel an Bewerbungen hat die Bundesmarine in Anbetracht der allgemeinen wirtschaftlichen Lage in der Bundesrepublik heute ebenso wenig zu klagen wie Heer und Luftwaffe. Das trifft besonders auf Bewerber für die Offizier-Laufbahn zu. Dennoch bieten sich jungen Männern, die zur Marine wollen und sich für einen Dienst in der Bundesmarine eignen, noch immer gute Aussichten für eine Annahme und bei entsprechender Qualifikation auch attraktive Aufstiegschancen. Zeitsoldaten können sich bei Bewährung auf weitere Jahre verpflichten und auch Berufssoldaten werden. In den berufsfördernden Einrichtungen der Bundesmarine können sie außerdem auf Berufszweige umgeschult werden, die heute im Zivilleben besonders gesucht sind, und hierzu die nötigen Prüfungen vor den Industrie- und Handelskammern, noch während ihrer Marinedienstzeit, ablegen.

Auf den langen Weg, den die Bundesmarine seit ihrer Gründung um die Jahreswende 1955/56 zurückgelegt hat, kann sie heute mit Befriedigung zurückblicken. Die Aussichten für die kommenden Jahre sind günstig.

Wenn gelegentlich die Frage gestellt wird, ob die Bundesmarine mit den ihr zur Verfügung stehenden Mitteln ihre Aufgabe im Rahmen der Bundeswehr und des NATO-Bündnisses erfüllen kann, ist ohne Zögern mit JA zu antworten. Dabei wird allerdings vorausgesetzt, daß die noch laufenden Projekte termingerecht abgeschlossen und die im Planungsstadium befindlichen Vorhaben zur Ablösung auslaufender Schiffe, Boote und Flugzeuge nach dem vorgesehenen Zeitplan vorangebracht werden können. „Bestandslücken" dürfen bei keinen der vorhandenen Typen eintreten, die der gültigen Konzeption entsprechend die „ausgewogene Flotte" bilden. Eine ernste Sorge hatte sich Ende der 60iger Jahre bei der Schnellbootwaffe ergeben, als gegen Ende der Lebenszeit der „Jaguar"-Boote so starke Abnutzungserscheinungen auftraten, daß sie nicht mehr voll einsatzfähig waren und in rascher Folge außer Dienst gestellt werden mußten. Damals gelang es nur durch großes persönliches Engagement von Bundesverteidigungsminister Helmut Schmidt, die vom Führungsstab der Marine wohl vorbereiteten Pläne für die Ersatzbauten der KLASSEN 143 und 148 in ungewöhnlich kurzer Zeit zu realisieren und damit den Bestand der Schnellbootwaffe zu erhalten. Ein solches ad hoc-Verfahren ist aber auf eine Ablösung anderer Typen, wie z. B. der Fregatte, nicht anwendbar, da bei der Entwicklungsphase und den verhältnismäßig langen Bauzeiten nennenswerte Kürzungen nicht möglich sind. Erfahrungsgemäß sind sogar große Anstrengungen nötig, um die langfristigen Zeitpläne pünktlich einzuhalten.

Für die Streitkräfte aller Länder, insbesondere auch für die Marinen, gilt mehr noch als für große zivile Organisationen der Grundsatz, daß eine stetige Entwicklung ohne Einbrüche in Einzelbereiche unerläßlich ist, wenn empfindliche Rückwirkungen auf das Ganze ausgeschlossen bleiben sollen.

Das gilt auch in einer Zeit der großen Bündnisse in Ost und West, wie der NATO-Gemeinschaft und des Warschauer Pakts, in der die Streitkräfte eines einzelnen Landes nicht allein die Verantwortung für seine Verteidigung tragen. Denn für die Aufstellung, Ausbildung, Herstellung und Erhaltung der Einsatzbereitschaft und des Bestandes ihrer Streitkräfte bleiben die einzelnen Bündnispartner selbst zuständig. Die NATO-assignierten Einsatzstreitkräfte der Bundeswehr werden erst von einer bestimmten Alarmstufe an und für langfristig geplante, gemeinsame Übungen der NATO zur Verfügung gestellt, d. h. dem NATO-Oberbefehlshaber Europa (SACEUR) und den ihm nachgeordneten zuständigen regionalen NATO-Oberbefehlshabern in Nord- und Mitteleuropa einsatzmäßig unterstellt. Einen nationalen, operativen Oberbefehlshaber auf höchster Ebene gibt es für die NATO-assignierten Streitkräfte der Bundeswehr, also auch der Bundesmarine, nicht.

Für die Erhaltung eines bestimmten Umfangs von Streitkräften können die „Absichten“ (gebräuchliche englische Bezeichnung: „Intentions“) eines möglichen Gegners keine entscheidende Rolle spielen, da man sie normalerweise nicht kennt und daher auch nicht in das Kalkül einbeziehen kann. Vielmehr sind es seine militärischen „Möglichkeiten“ (englische Bezeichnung: „capabilities“), die für das Kräfteverhältnis, d. h. für die Bereitstellung und Erhaltung eigener, dem möglichen Gegner gleichwertiger oder zumindest für eine Verteidigung ausreichender Streitkräfte maßgebend sein müssen. Es sind also bei der Abwägung des Kräfteverhältnisses stets die Stärken aller Streitkräfte der Bündnispartner der NATO einerseits und der Warschauer Pakt-Mächte andererseits gegenüberzustellen. Daß dabei an erster Stelle die Streitkräfte der Großmächte (Nuklear-Mächte) zu vergleichen sind, versteht sich von selbst.

Bei einem Kräftevergleich genügt es allerdings auch nicht, die beiderseits vorhandenen Streitkräfte lediglich zu addieren und aus dem Ergebnis Schlüsse zu ziehen. Es ist vielmehr notwendig, auch die möglichen Einsatzräume und die für ihre Verteidigung zumindest in einer eventuellen ersten Kriegsphase vorhandenen eigenen Kräfte in eine solche Betrachtung einzubeziehen.

Vergleicht man z. B. die Flotten der Warschauer Pakt-Marinen im Ostseegebiet, zu denen die sowjetische Ostsee-Flotte gehört, mit den für eine Verteidigung dieses Raums zunächst verfügbaren Seestreitkräften der Bundesmarine und der dänischen Marine, so wird man auch heute noch ein starkes Übergewicht der östlichen Marinen feststellen müssen. Eine solche spezifische Gegenüberstellung steht nicht, wie es auf dem ersten Blick erscheinen könnte, im Widerspruch zu der überragenden Bedeutung des Kräfteverhältnisses der gesamten Bündnisstreitkräfte auf beiden Seiten. Denn die Verteidigungspläne müssen für die erste Phase einer möglichen Auseinandersetzung eine Aufteilung der verfügbaren geografischen Räume vorsehen, wobei kurzfristigen Änderungen, die sich aus einer überraschenden Situation ergeben könnten, enge Grenzen gesetzt sind.

Für die Verteidigung des Nordsee- und Ostseeraumes bedeutet das aber, daß im wesentlichen, soweit es die beiderseitigen Seestreitkräfte betrifft, auf der NATO-Seite zunächst nur die vorhandenen einsatzbereiten Flottenverbände der deutschen und der dänischen Marine zur Verfügung stehen. Die Notwendigkeit der Erhaltung der Kampfkraft der Bundesmarine auf neuestem technischen Stand und die große Bedeutung eines hohen Einsatzgrades wird durch diese militärische Sachlage nachdrücklich unterstrichen, besonders da bei den zahlenmäßig weit überlegenen Seestreitkräften der anderen Seite im Ostseeraum von den gleichen Voraussetzungen auszugehen ist.

Das Weißbuch 1973/1974 zur Sicherheit der Bundesrepublik Deutschland und zur Entwicklung der Bundeswehr zitierte hierzu unter anderem:

> „Zwischen Atlantik und Nord- wie Ostsee besteht ein strategischer Zusammenhang. Nord- und Ostsee sind für die Strategie des Warschauer Paktes wie für die der NATO eine Einheit. Die Überlegenheit der Seestreitkräfte des Warschauer Paktes in der Ostsee erleichtert die operative Zusammenarbeit mit der Nordflotte. Gemeinsame Unternehmen bei Übungen bestätigen das. Für den Einsatz in der Ostsee sind vor allem die 60 Schnellboote des sowjetischen Typs OSA mit Seeziel-Flugkörpern geeignet. Demgegenüber sind dür die Ostsee-Verteidigung der NATO, eine Aufgabe Dänemarks und der Bundesrepubli Deutschlands, bislang nur 6 vergleichbare Einheiten verfügbar."

Wenn sich auch dieses Kräfteverhältnis im Ostseeraum durch den inzwischen erfolgten Zulauf weiterer Schnellboote der KLASSE 148 zur deutschen Flotte gebessert hat, besteht eine zahlenmäßige Überlegenheit der östlichen Seite in diesem Seegebiet nach wie vor.

Die tägliche Bestätigung, daß die Bundesmarine als Bestandteil der Bundeswehr neben ihren unmittelbaren Verteidigungsaufgaben im NATO-Bündnis, auf die sie in ernstem Bemühen vorbereitet ist, auch zahlreiche Friedensaufgaben wahrzunehmen hat, die der Allgemeinheit nützen, hat sicher mit zu der weitverbreiteten Beurteilung geführt, daß sich der Dienst in der kleinsten Teilstreitkraft auch heute noch lohnt.

Die Zuführung leistungsfähiger Neubauten mit hohem technischen Standard setzt die Bundesmarine in die Lage, den ihr gestellten Auftrag innerhalb der altlantischen Allianz zu erfüllen. Sie wird damit auch ihrer Rolle als Mittel der Politik gerecht. Zugleich gewinnt sie als Faktor der Friedenssicherung erhöhte Bedeutung.

Wachboot „W 2“, Typ Kriegsfischkutter, gehörte zu den ersten Fahrzeugen der jungen Bundesmarine. Vorzüglich geeignet für die seemännische Grundausbildung. Dazu erstaunlich seetüchtig. Die Höchstgeschwindigkeit lag bei acht Knoten.

Tender „Trave“, Baujahr 1945. Übernommen vom BGS/See. Zusammen mit der „Eider“ als Schulboot eingesetzt. Dank ihres dieselelektrischen Antriebes konnte die „Trave“ 11 000 Seemeilen ohne Brennstoffergänzung zurücklegen.

„W 53“, ehemaliger kanadischer Minensucher von 140 ts. Diese Holzboote wurden für Ausbildungszwecke eingesetzt. Ihre Besatzung bestand aus 18 Mann. Mit 450 PS erreichten sie zehn Knoten. In der Mehrzahl fuhren sie im Dienste der Schulen.

Hochseeminensuchboot „Seestern", ein echter „Kohlendampfer". Dieses Fahrzeug gehörte zum bewährten Standardtyp „M-40" der Kriegsmarine. Mit einem Vorrat von 152 t Kohle konnten theoretisch 4000 Sm bei zehn Knoten Marschfahrt zurückgelegt werden.

Schnellboot „Silbermöwe" (109 ts, Baujahr 1951/52). Hier noch ohne Bewaffnung. Ein Neubau des Kriegstyps mit Holzrumpf. Bei 9000 PS erreichten diese Boote 43 Knoten. Zwei Torpedorohre und zwei 20-mm-Flak bildeten die Bewaffnung.

S-Boot „Albatros", ein Neubau der „Jaguar"-Klasse (140 ts). Bewaffnet mit vier Torpedorohren und zwei 40-mm-Flak. Mit 12 000 PS lief er mehr als 42 Knoten. Besatzung 39 Mann. Die Gesamtserie umfaßte 40 Boote, erbaut von deutschen Werften.

Fregatte „Bremse“, ein früheres Minensuchboot vom Typ „M-35“. Dieses 710 ts große Boot fuhr im Kriege als „M 253“. Es wurde für die Verwendung als Schulboot umgerüstet und fuhr zunächst im Geleitgeschwader. 100 Mann bildeten die Besatzung.

Schnelles Minensuchboot „Wega“ (123 ts), ein Kriegsbau. Ausgerüstet mit Voith-Schneider-Antrieb. Die Maschinenleistung betrug 1836 PS. Diese Boote hatten wesentlichen Anteil an der Freiräumung der Schiffahrtsstraßen nach dem Zweiten Weltkrieg.

Küstenminensucher „Göttingen“, ein Neubau von 370 ts noch mit dem Peildeck, das zur Verbesserung der Seestabilität später aufgebaut werden mußte. Diese Boote sind ganz aus Holz gebaut. Insgesamt umfaßte das Programm 18 Fahrzeuge.

Schulfregatte „Graf Spee“, zusammen mit „Hipper“ in der Kadettenausbildung eingesetzt. Beide Einheiten unternahmen die ersten großen Auslandsausbildungsreisen auch in überseeische Gewässer.

Zerstörer 4 der weitverbreiteten „Fletcher“-Klasse. Die Bundesmarine übernahm sechs Einheiten dieses Typs auf Leihbasis. Sie haben sich in zahlreichen Übungen und Manövern bewährt.

Antrittsbesuch des ersten Inspekteurs der deutschen Marine, Vizeadmiral Friedrich Ruge beim Alliierten Oberkommando Europa-Mitte. Hinter ihm Konteradmiral Karl-Adolf Zenker und Kpt. z. S. Gert Jeschonnek.

Flottenchefs unter sich (von links nach rechts): Die Konteradmirale Johannesson, Smidt, die Vizeadmirale Gerlach, Hetz, Admiral Zimmermann, Vizeadmiral Paul Hartwig.

Der scheidende Inspekteur, Vizeadmiral Gert Jeschonnek, wird von Stabsoffizieren an Land gepullt. Alter Marinebrauch für Flaggoffiziere und Kommandeure, die „aussteigen".

Die „Deutschland", mit einer Wasserverdrängung von 4800 ts die größte Einheit der deutschen Marine. Weltbekannt durch zahlreiche Auslands-Ausbildungsreisen im Rahmen der Offizieranwärter-Ausbildung.

Zerstörer „Bayern“, (3400 ts), ein Neubau mit Artilleriebewaffnung. Umrüstung (zusammen mit 3 Schwesterschiffen) ist eingeleitet. Erhalten moderne Seeziel-Flugkörper.

Fregatte „Köln“ aus dem ersten Schiffsbauprogramm. Insgesamt entstanden sechs Einheiten dieses Typs, der speziell für die Geleitsicherung bestimmt ist.

Schnellboot der „Zobel"-Klasse mit dem RADOM. Umgerüstet auf drahtgelenkte Torpedos. Moderne Kampfboote, die sehr seetüchtig sind. Ihre 40-mm-Kanonen sind radargesteuert.

U-Jagdboot der „Thetis"-Klasse, frühere Bezeichnung „Flottendienstboot". Diese 570 ts großen Fahrzeuge sind speziell für die U-Jagd gebaut worden. Sie erreichen 24 Knoten.

U-Boot der Klasse 206. Ein hochmodernes Kampf-U-Boot, dessen Bewaffnung aus acht Torpedorohren besteht, aus denen drahtgelenkte Torpedos verschossen werden können. Besatzung umfaßt 21 Mann.

Flugkörper-S-Boote der Klasse 143. Eine deutsche Entwicklung des großen Kampfbootes. Mit zwei 76-mm-Kanonen und vier Seezielflugkörpern sowie Torpedorohren tragen sie optimale Kampfkraft.

Flugkörper-Schnellboot der Klasse 148. Insgesamt besitzt die Bundesmarine 20 Boote dieses neuentwickelten Typs. Seezielflugkörper und Artillerie bilden eine starke Bewaffnung für die Boote.

Seefernaufklärer und fliegender U-Jäger „Bréquet Atlantic“, ein vielseitiges Flugzeug mit großem Aktionsbereich, zwölf Mann Besatzung und modernster Elektronik.

Starfighter der Marineflieger und Flugkörperzerstörer „Lütjens“, Symbol für das Zusammenwirken von Seestreitkräften und eigenen Fliegerverbänden der Marine.

Turbinenhubschrauber „Seaking“, ein leistungsfähiges Fluggerät, das unter Allwetterbedingungen für Such- und Rettungsaufgaben eingesetzt wird. Marine-Standardhubschrauber.

Tender „Neckar“ (2370 ts), eingerichtet für die Versorgung von Kleinbootgeschwadern in See. Ein vielseitig verwendbares Kampfschiff, das zusätzliches Personal aufnimmt.

Versorger „Glücksburg“, treuer Helfer der Seestreitkräfte. Ein Warenhaus zur See, das dank seiner besonderen Ausrüstung jederzeit in der Lage ist, Kampfschiffe in See zu versorgen.

Mehrzwecklandungsboot „Forelle“ kann Zuladungen bis zu 400 ts aufnehmen. 22 Fahrzeuge dieses Typs wurden gebaut. Sie dienen Seetransportzwecken und gehören zum 1. Landungsgeschwader.

Binnenminensucher „Frauenlob“ (204 ts). Dieser Bootstyp eignet sich auch zum Minensuchen auf hoher See. Die robust gebauten Holzboote werden durch zwei 1000-PS-Dieselmotore angetrieben.

Vizeadmiral Jeschonnek an Bord eines U-Bootes. Der Kontakt mit den Besatzungen lag dem Inspekteur besonders am Herzen, der jede sich bietende Gelegenheit zum persönlichen Gespräch wahrnahm.

Segelschulschiff „Gorch Fock“ unter vollem Zeug. Für die seemännische Ausbildung des Offizier- und Unteroffiziernachwuchses leistet die Dreimastbark unschätzbare Dienste.

Stand 1956/1957

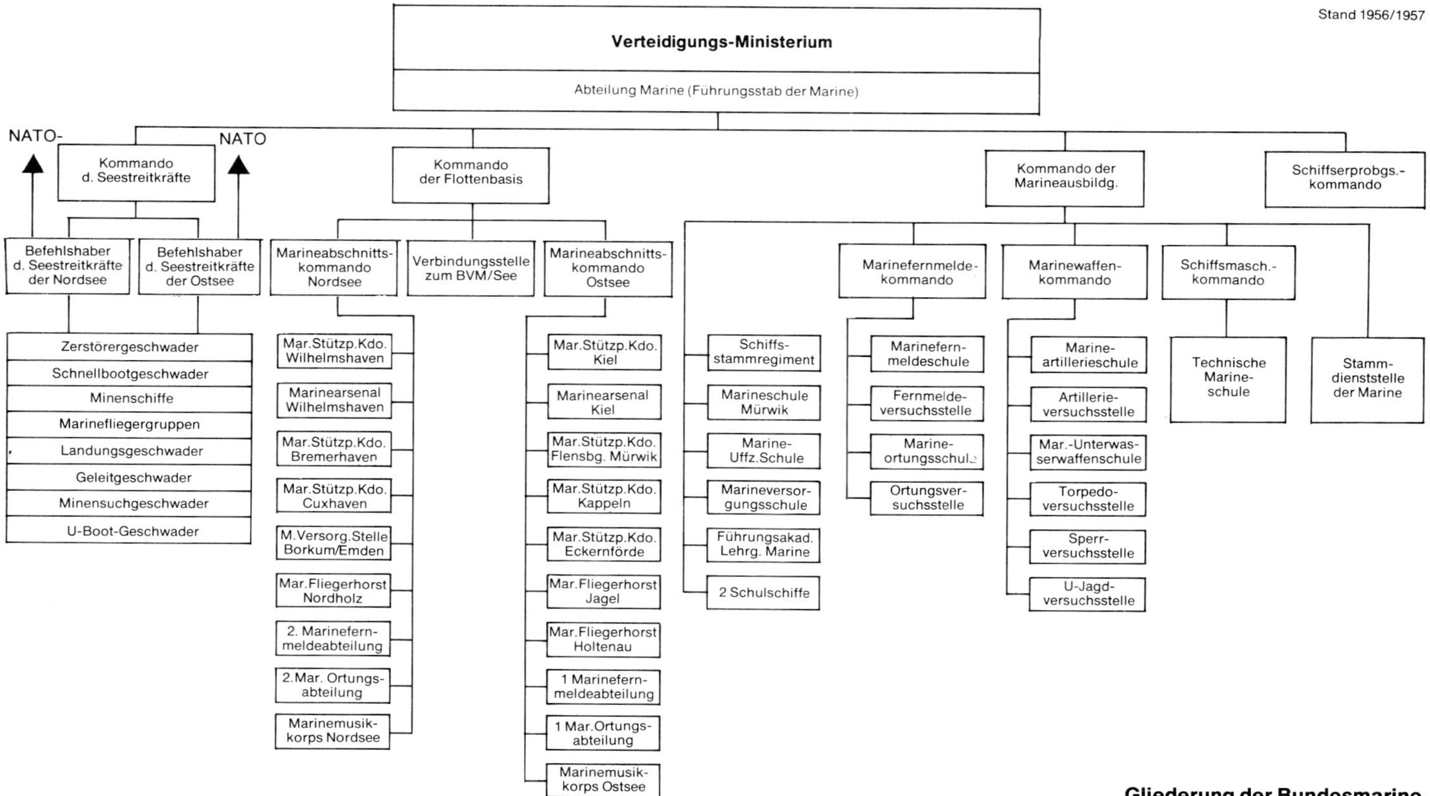

Gliederung der Bundesmarine

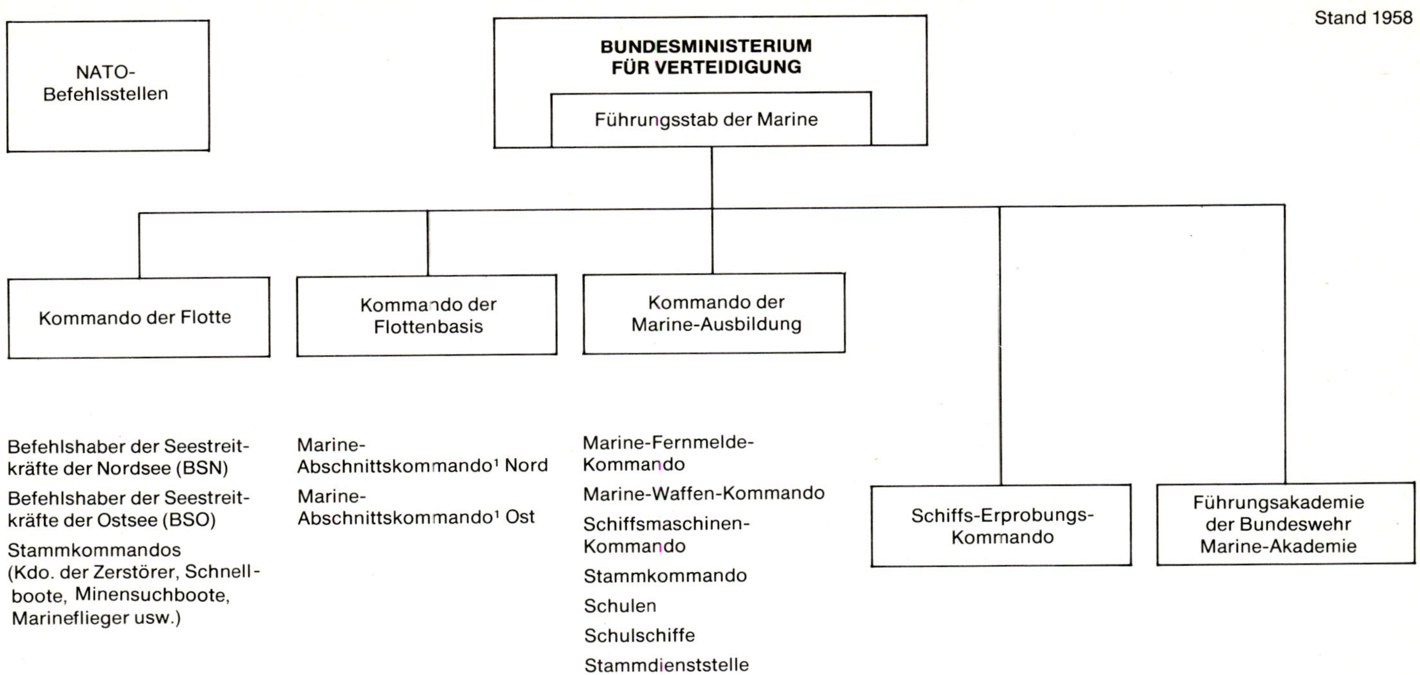

[1] hierzu gehören: Stützpunktkommandos, Depots, Fernmelde- und Ortungsabschnitte, Fliegerhorste, Hafenschutzgeschwader, Musikkorps

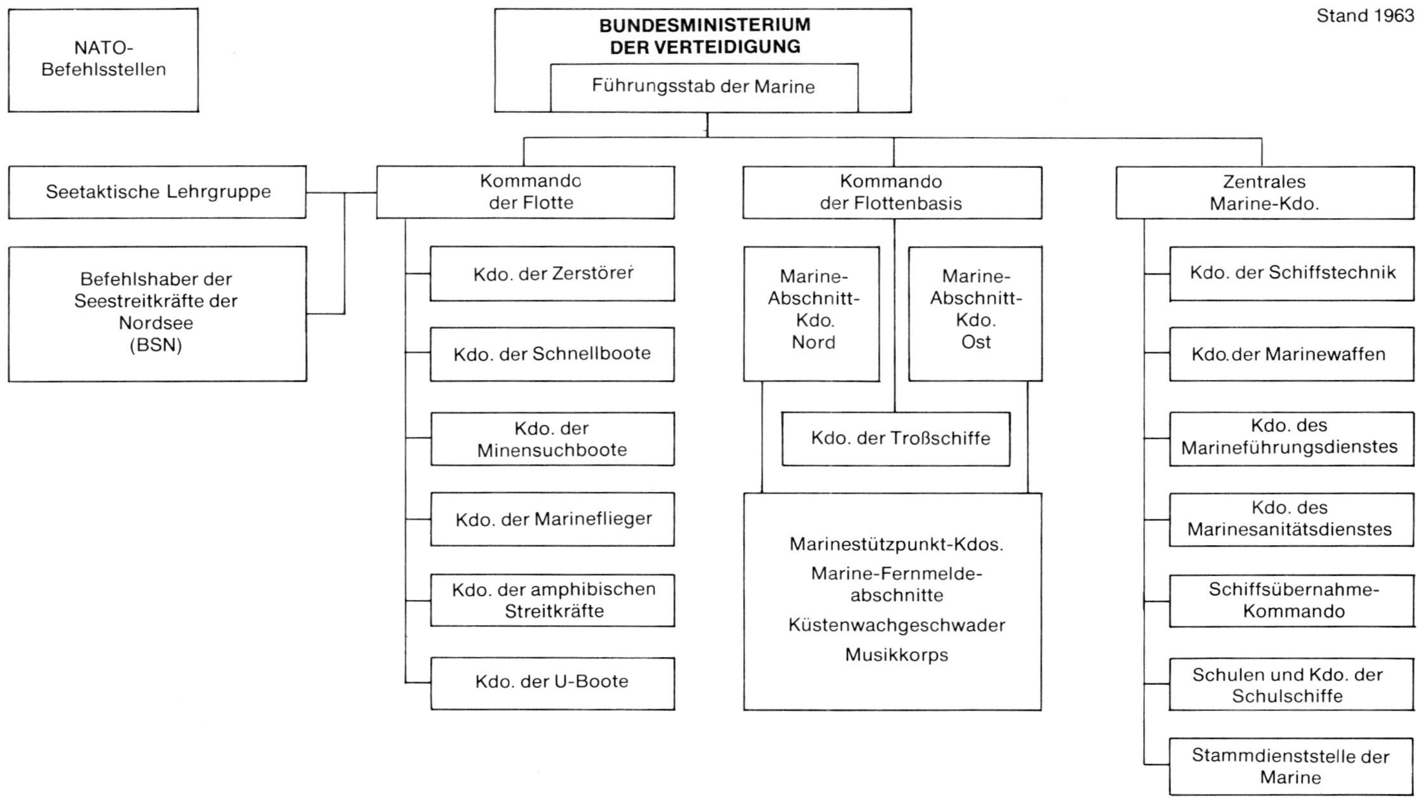
Stand 1963
NATO-Befehlsstellen
BUNDESMINISTERIUM DER VERTEIDIGUNG
Führungsstab der Marine
Seetaktische Lehrgruppe
Befehlshaber der Seestreitkräfte der Nordsee (BSN)
Kommando der Flotte
Kdo. der Zerstörer
Kdo. der Schnellboote
Kdo. der Minensuchboote
Kdo. der Marineflieger
Kdo. der amphibischen Streitkräfte
Kdo. der U-Boote
Kommando der Flottenbasis
Marine-Abschnitt-Kdo. Nord
Marine-Abschnitt-Kdo. Ost
Kdo. der Troßschiffe
Marinestützpunkt-Kdos.
Marine-Fernmelde-abschnitte
Küstenwachgeschwader
Musikkorps
Zentrales Marine-Kdo.
Kdo. der Schiffstechnik
Kdo. der Marinewaffen
Kdo. des Marineführungsdienstes
Kdo. des Marinesanitätsdienstes
Schiffsübernahme-Kommando
Schulen und Kdo. der Schulschiffe
Stammdienststelle der Marine

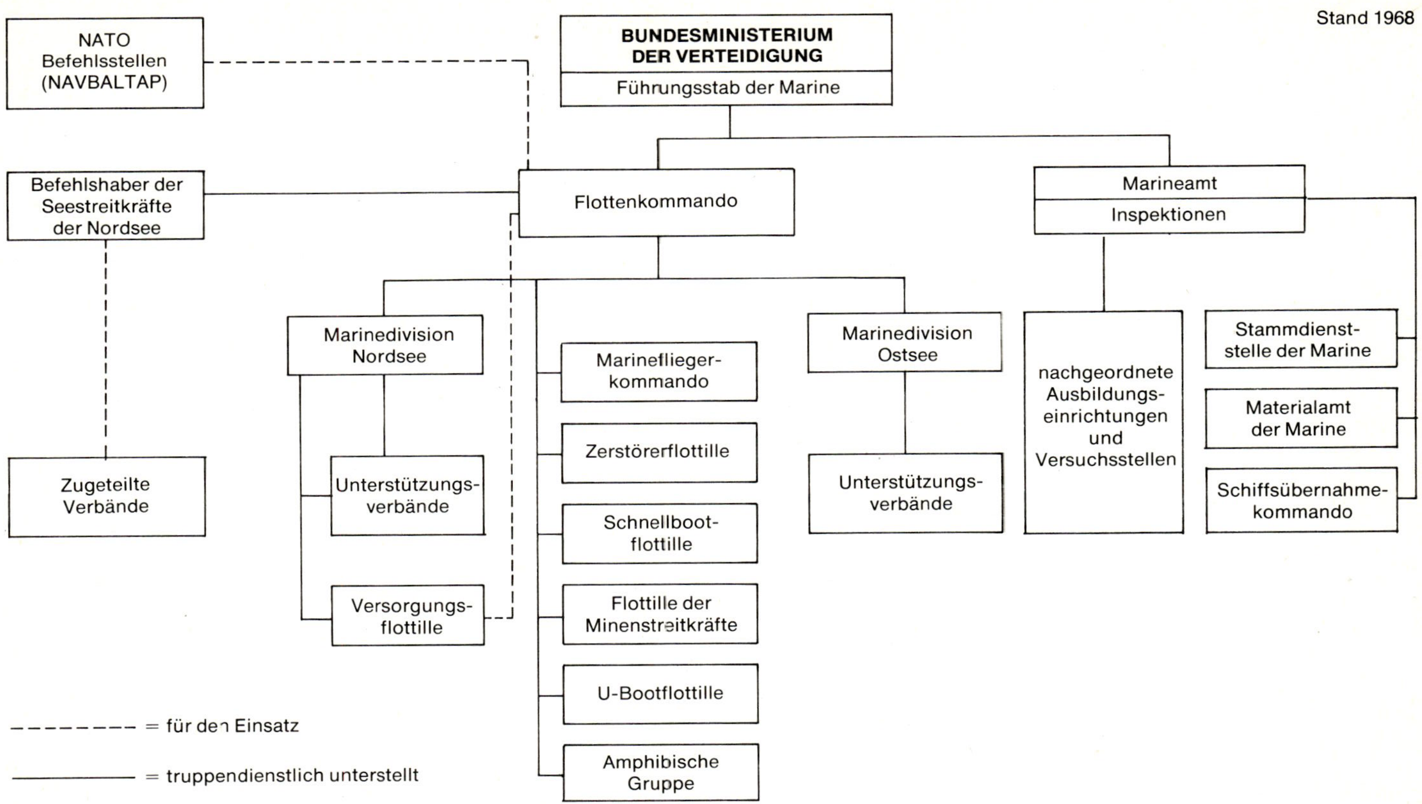
Stand 1968
NATO Befehlsstellen (NAVBALTAP)
BUNDESMINISTERIUM DER VERTEIDIGUNG
Führungsstab der Marine
Befehlshaber der Seestreitkräfte der Nordsee
Flottenkommando
Marineamt
Inspektionen
Marinedivision Nordsee
Marineflieger-kommando
Marinedivision Ostsee
nachgeordnete Ausbildungs-einrichtungen und Versuchsstellen
Stammdienst-stelle der Marine
Materialamt der Marine
Schiffsübernahme-kommando
Zerstörerflottille
Zugeteilte Verbände
Unterstützungs-verbände
Schnellboot-flottille
Unterstützungs-verbände
Versorgungs-flottille
Flottille der Minenstreitkräfte
U-Bootflottille
Amphibische Gruppe
= für den Einsatz
= truppendienstlich unterstellt

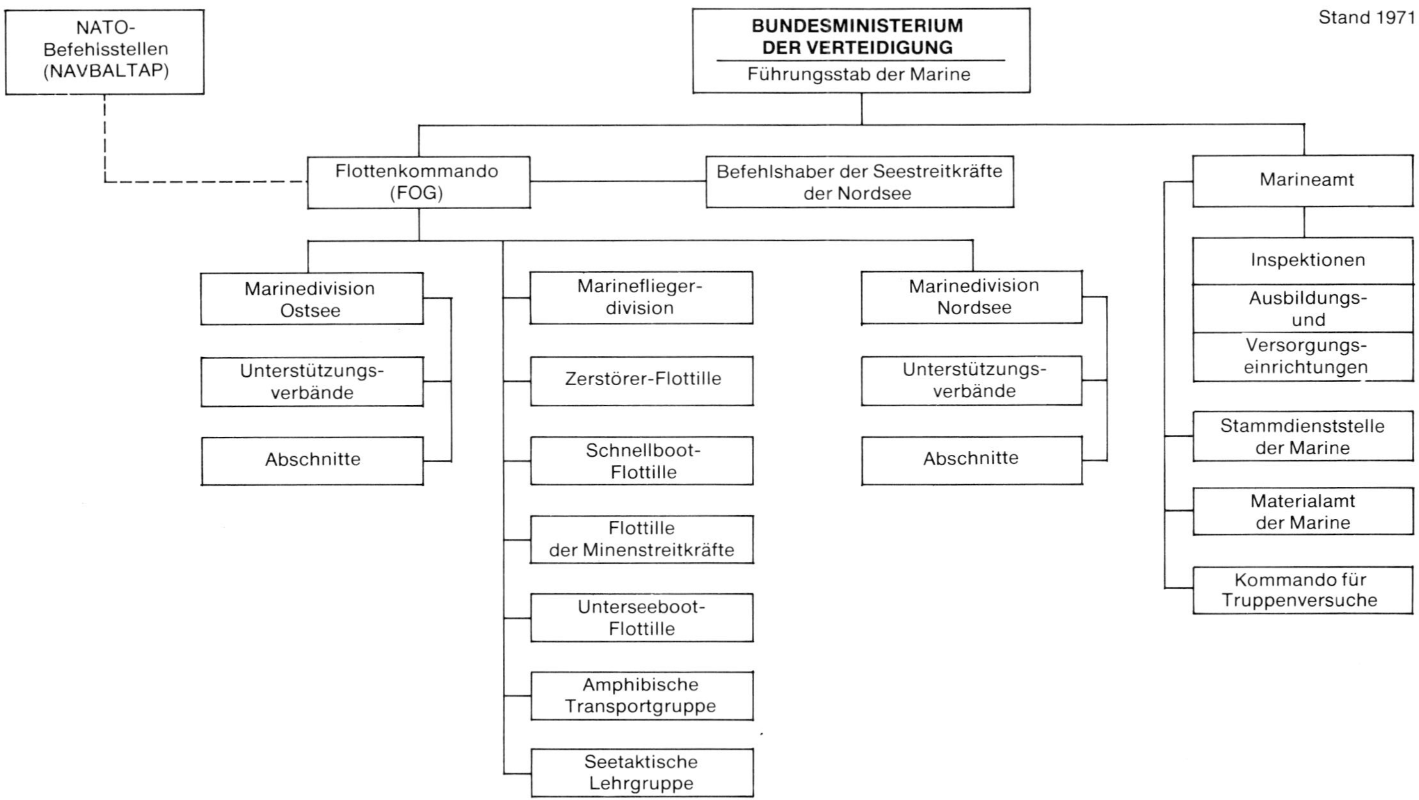
Stand 1971
NATO-
Befehisstellen
(NAVBALTAP)
BUNDESMINISTERIUM
DER VERTEIDIGUNG
Führungsstab der Marine
Flottenkommando
(FOG)
Befehlshaber der Seestreitkräfte
der Nordsee
Marineamt
Marinedivision
Ostsee
Unterstützungs-
verbände
Abschnitte
Marineflieger-
division
Zerstörer-Flottille
Schnellboot-
Flottille
Flottille
der Minenstreitkräfte
Unterseeboot-
Flottille
Amphibische
Transportgruppe
Seetaktische
Lehrgruppe
Marinedivision
Nordsee
Unterstützungs-
verbände
Abschnitte
Inspektionen
Ausbildungs-
und
Versorgungs-
einrichtungen
Stammdienststelle
der Marine
Materialamt
der Marine
Kommando für
Truppenversuche

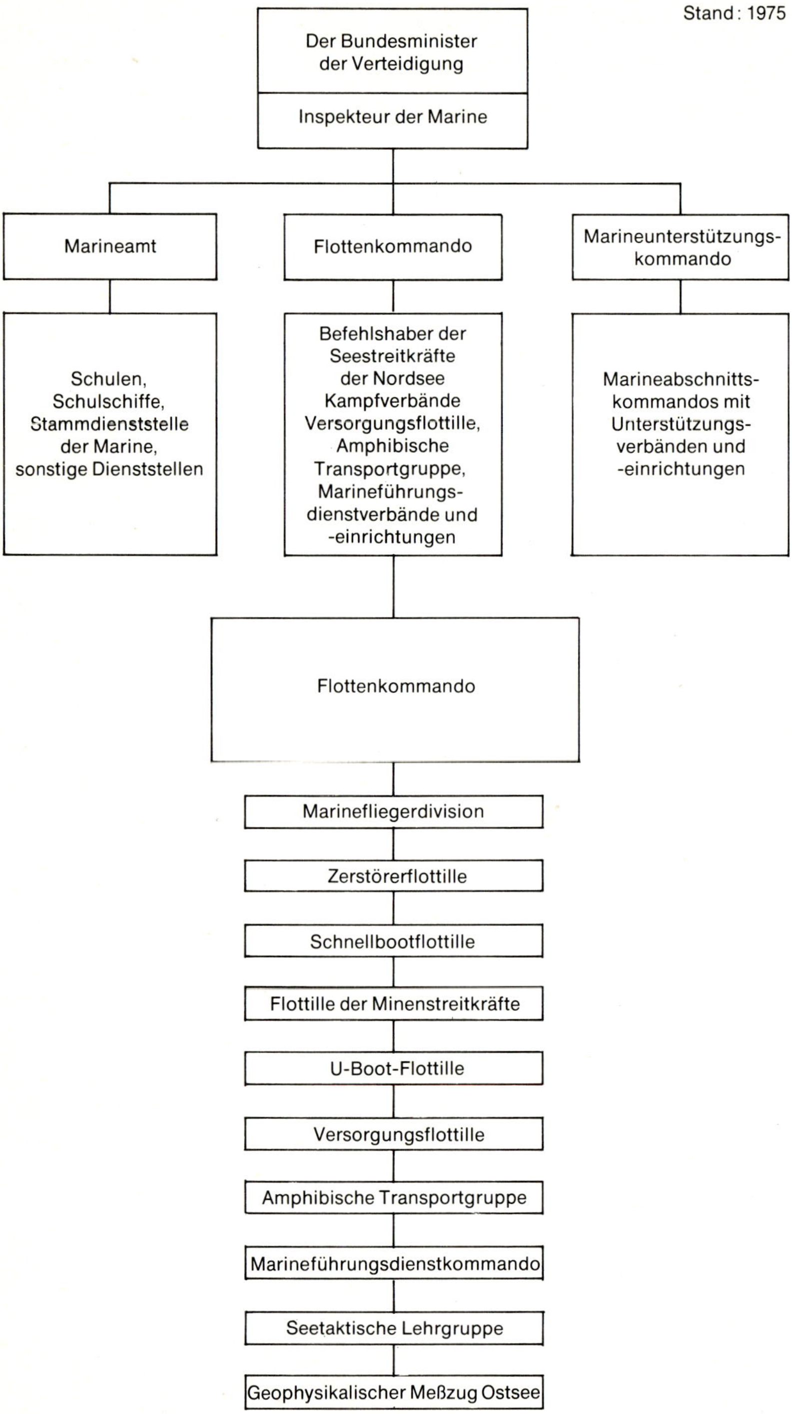
Stand: 1975
Der Bundesminister der Verteidigung
Inspekteur der Marine
Marineamt
Flottenkommando
Marineunterstützungs-kommando
Schulen, Schulschiffe, Stammdienststelle der Marine, sonstige Dienststellen
Befehlshaber der Seestreitkräfte der Nordsee Kampfverbände Versorgungsflottille, Amphibische Transportgruppe, Marineführungs-dienstverbände und -einrichtungen
Marineabschnitts-kommandos mit Unterstützungs-verbänden und -einrichtungen
Flottenkommando
Marinefliegerdivision
Zerstörerflottille
Schnellbootflottille
Flottille der Minenstreitkräfte
U-Boot-Flottille
Versorgungsflottille
Amphibische Transportgruppe
Marineführungsdienstkommando
Seetaktische Lehrgruppe
Geophysikalischer Meßzug Ostsee

Organisation des Marineamt-Bereiches

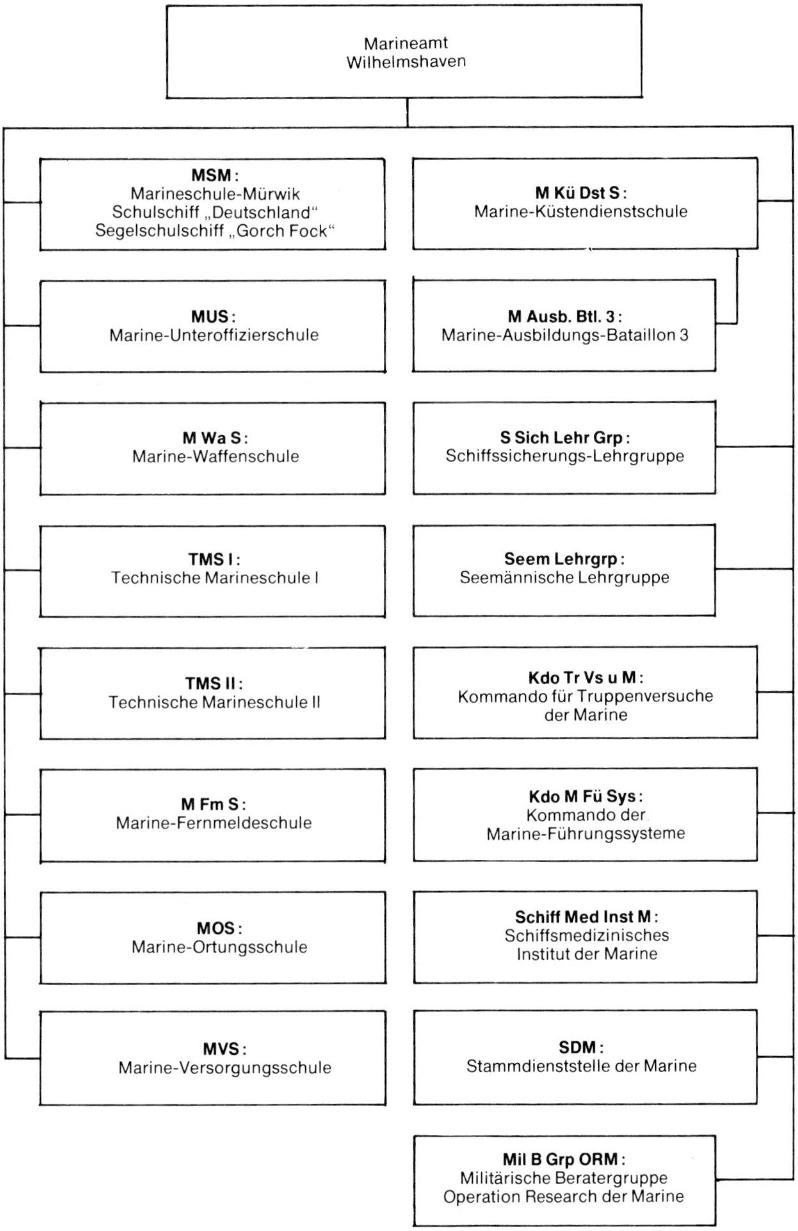

Organisation des Marine-Unterstützungskommandos

1. Oktober 1974

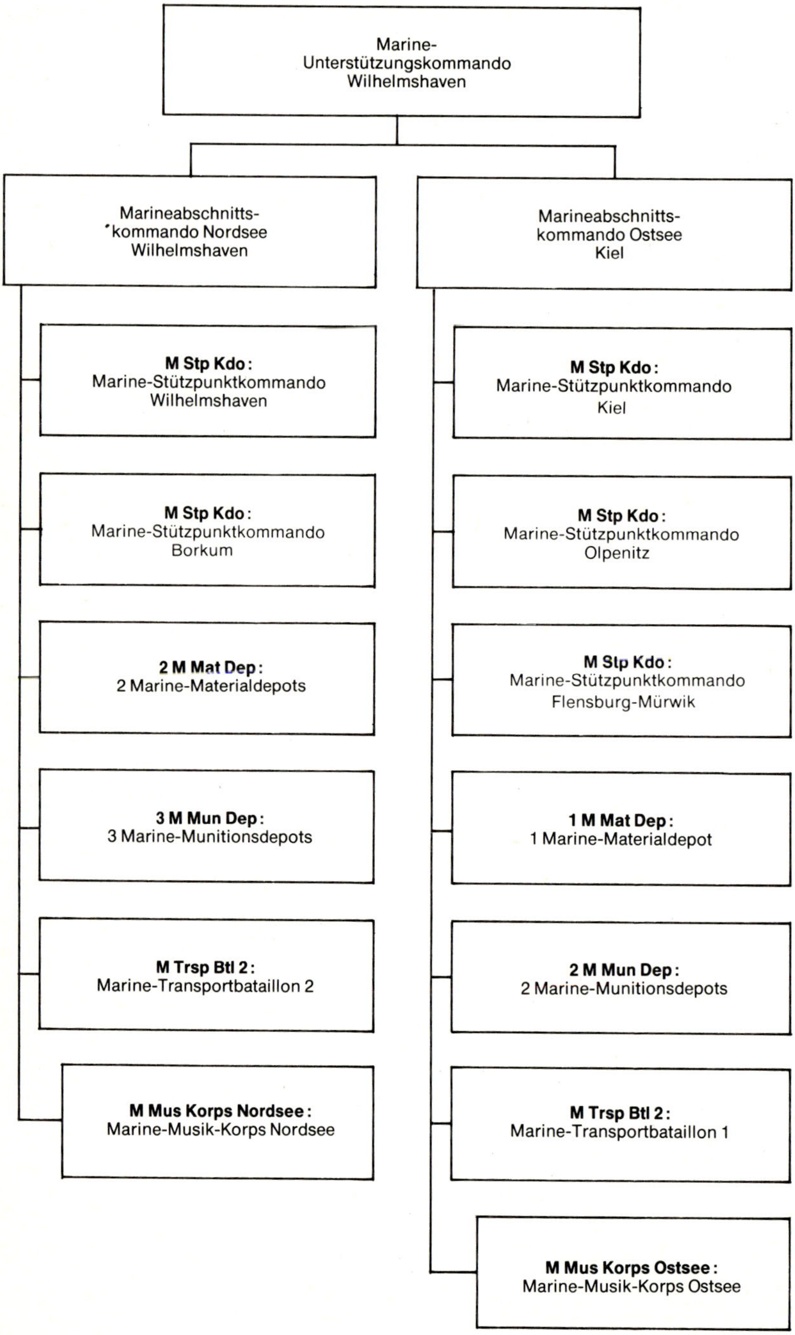

Flottengliederung

Stand 1975

Befehlshaber der Flotte

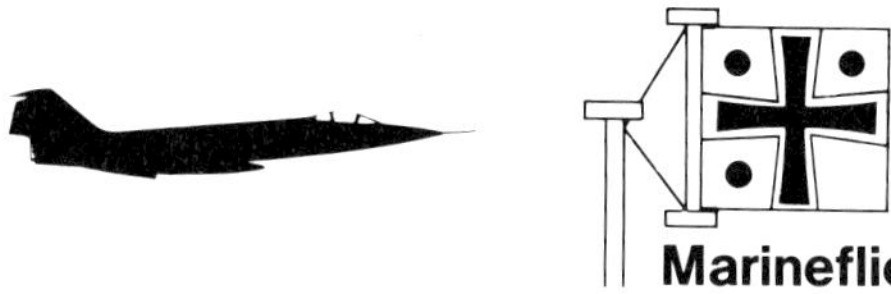

Marineflieger-Division

Zerstörer-Flottille

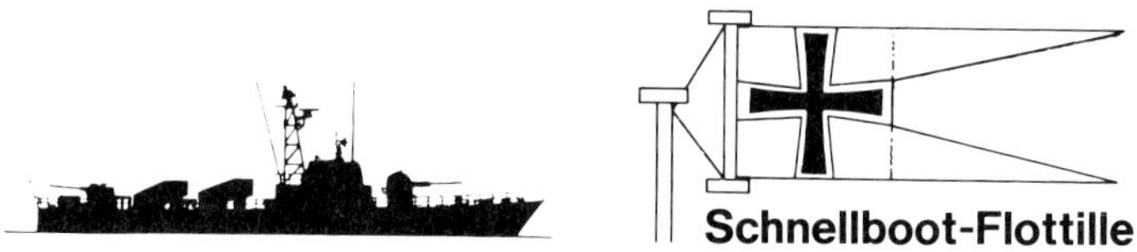

Schnellboot-Flottille

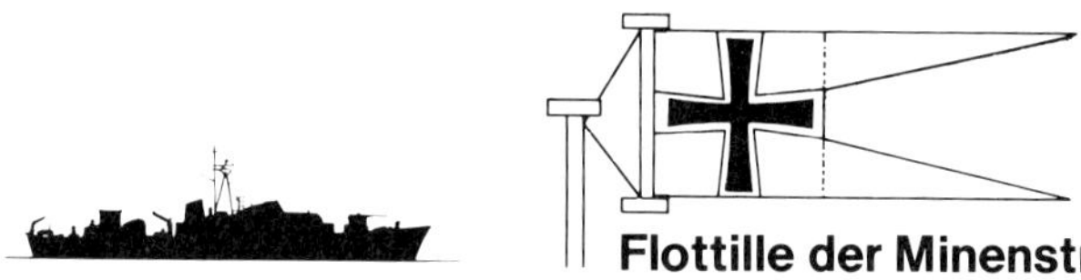

Flottille der Minenstreitkräfte

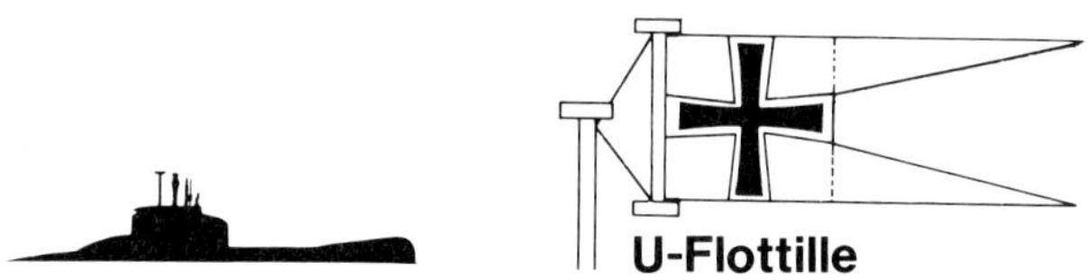

U-Flottille

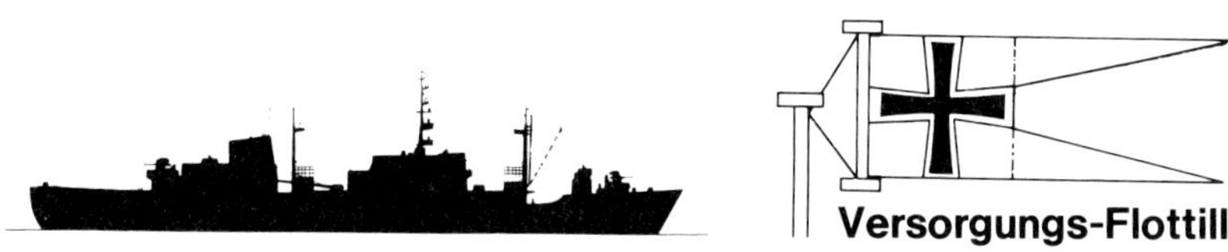

Versorgungs-Flottille

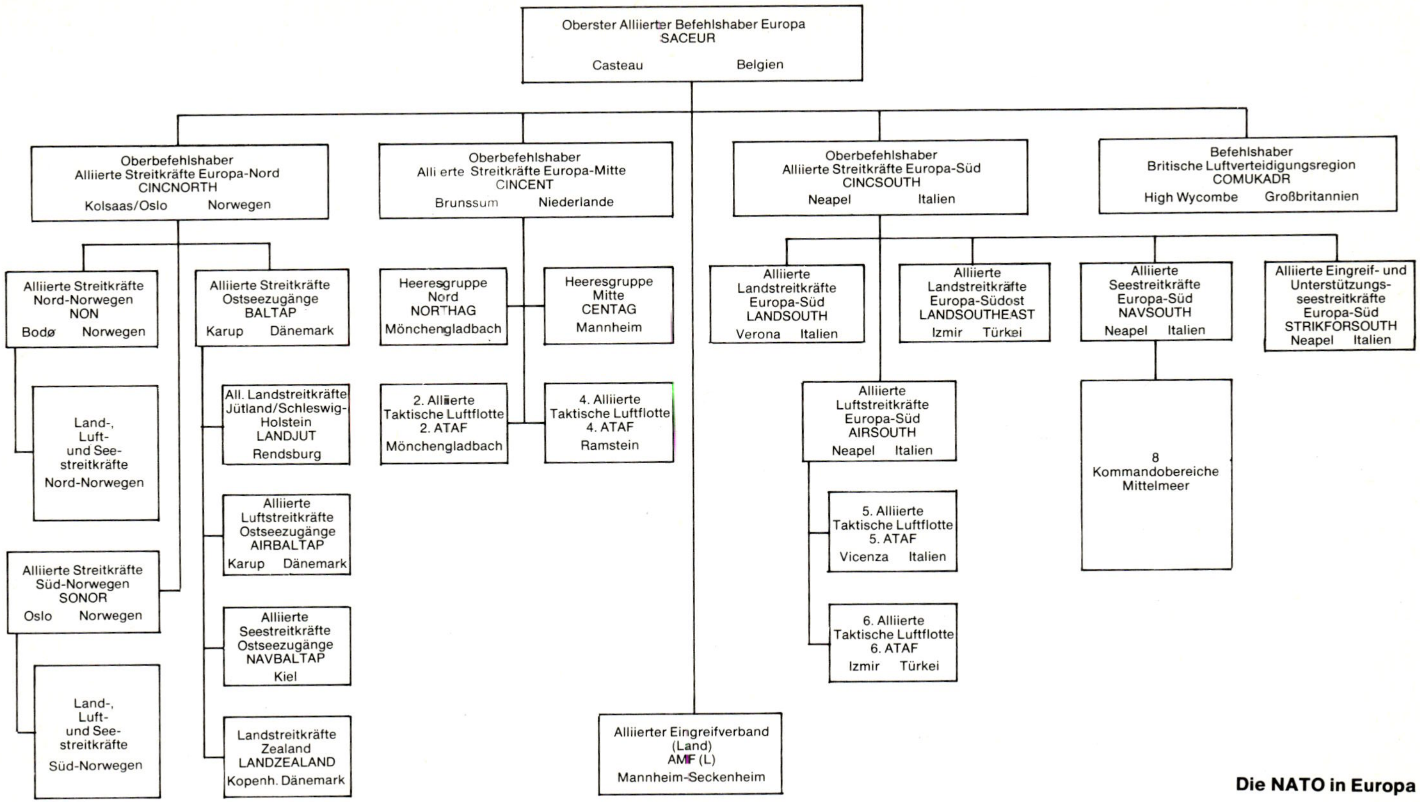

Die NATO in Europa

Militärische Führungsorganisation der NATO

Stand 1975

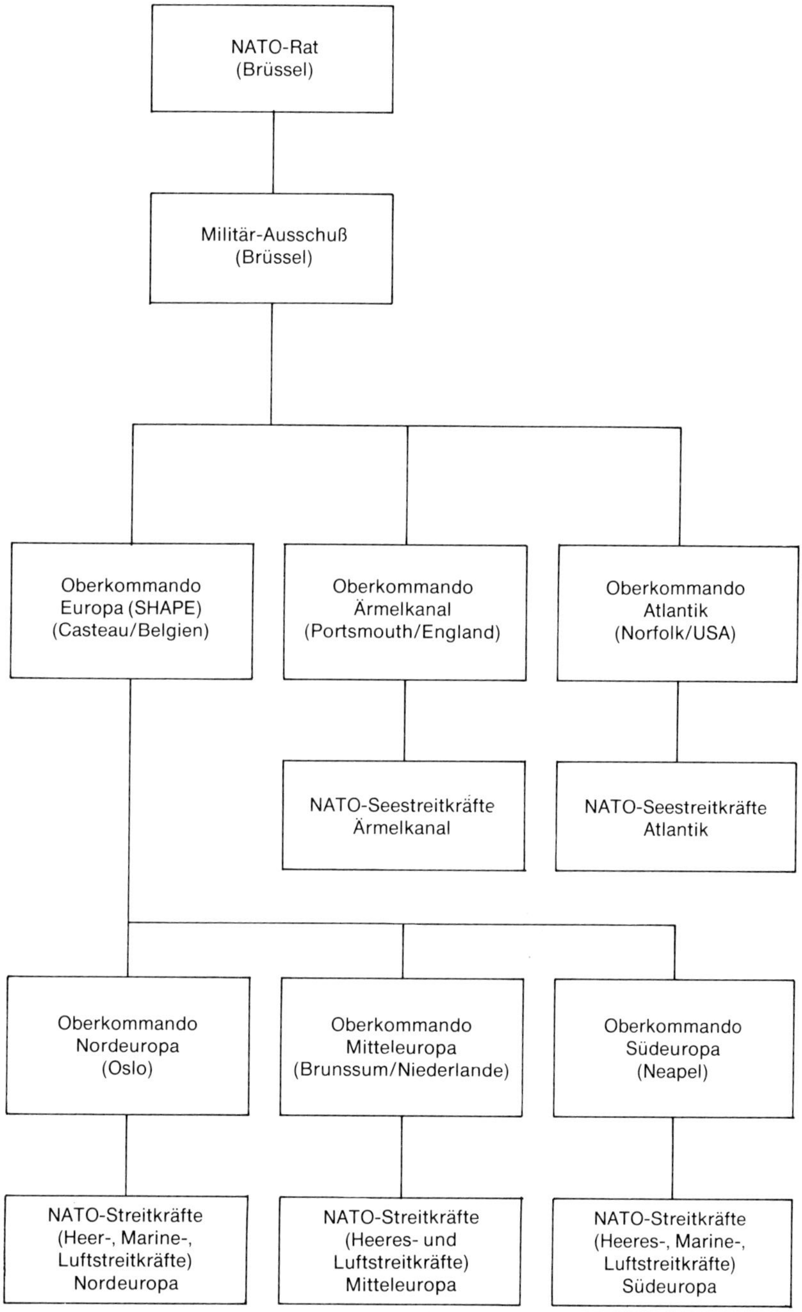

Abkürzungen im NATO-Bereich Europa

(nur Dienststellungen/Dienststellen, soweit Bundeswehr betroffen/unterstellt)

SACEUR	Supreme Allied Commander Europe Oberster Alliierter Befehlshaber Europa
ACE	Allied Command Europe Alliierter Kommandobereich Europa
CINCENT	Commander in Chief Allied Forces Central Europe Oberbefehlshaber der Alliierten Streitkräfte Mitteleuropa
AFCENT	Allied Forces Central Europe Alliierte Streitkräfte Mitteleuropa
CINCNORTH	Commander in Chief Allied Forces Northern Europe Oberbefehlshaber der Alliierten Streitkräfte Nordeuropa
AFNORTH	Allied Forces Northern Europe Alliierte Streitkräfte Nordeuropa
COMBALTAP	Commander Allied Forces Baltic Approaches Befehlshaber der Alliierten Streitkräfte der Ostseezugänge
BALTAP	Allied Forces Baltic Approaches Alliierte Streitkräfte der Ostseezugänge
COMNAVBALTAP	Commander Allied Naval Forces Baltic Approaches Befehlshaber der Alliierten Seestreitkräfte der Ostseezugänge
NAVBALTAP	Allied Noval Forces Baltic Approaches Alliierte Seestreitkräfte der Ostseezugänge
FOG	Flag Officer Germany Deutscher Flottenchef (Befehlshaber der Flotte)

Aufgabe und Konzeption

Als Teil der Bundeswehr leistet die Marine ihren Beitrag zur Erhaltung des Friedens und zur Sicherheit der Bundesrepublik Deutschland und des Nordatlantischen Bündnisses.

Die Konzeption der Marine berücksichtigt Interessen der Bundesrepublik Deutschland an der Nutzung der See als Transportweg, Rohstoff- und Nahrungsquelle, die Entwicklung moderner Waffen und die Bedrohung.

Diese Konzeption geht von den „Aufgaben der Marine“ aus. Sie legt dar, wie und womit die Marine ihre Aufgaben zu erfüllen beabsichtigt. Sie stellt besonders die Wirkungsmöglichkeiten der Seestreitkräfte in der Friedenssicherung und ihre Bedeutung als Instrument zur Krisenbewältigung heraus. Den Einsatzraum der Marine begrenzt sie auf Ostsee, Ostseezugänge und Nordsee und betrachtet diese Seegebiete als operative Einheit.

Die Marine hat folgende Aufgaben:

- im Frieden durch Präsenz, Einsatzbereitschaft und Auftreten in See zur Abschreckung und zur Festigung des NATO-Bündnisses beizutragen,
- für das Ansehen und die zwischenstaatlichen Beziehungen der Bundesrepublik Deutschland zu werben und zu wirken,
- einen Beitrag zur Erhaltung der internationalen Ordnung auf Hoher See und der sicheren und geordneten Nutzung der See und des Festlandsockels zu leisten,
- Such- und Rettungsdienst auf See und an den deutschen Küsten durchzuführen.

In Krisen und im Spannungsfall

- als flexibles Instrument zur Verdeutlichung politischen Willens und zur Krisenbewältigung zur Verfügung zu stehen,
- durch Demonstration von Verteidigungswillen und Verteidigungsfähigkeit auf See Friedensstörer zu veranlassen, spannungserzeugende Maßnahmen einzustellen,

○ nationale und bündnisgemeinsame Interessen auf See zu wahren.

Im Verteidigungsfall

○ durch Abwehr von Angriffen auf die Küsten und auf See das Territorium der Bundesrepublik Deutschland im Sinne der Vorneverteidigung zu schützen sowie einen Beitrag zur Behauptung der Ostseezugänge und zur Sicherung der Nordsee zu leisten. Damit folgt die Marine zugleich der Zielsetzung der NATO, dem Gegner die Nutzung der Verbindungswege zwischen Ostsee und Atlantik zu verwehren und den Zusammenhang der Abwehr zwischen den Kriegsschauplätzen Mittel- und Nordeuropa zu wahren.

Diese Aufgaben sind mit den Bündnispartnern abgestimmt. Sie berücksichtigen die Veränderungen im maritimen Kräfteverhältnis an der Nordflanke der NATO.

Während die Marine zu Beginn der 60er Jahre noch davon ausgehen konnte, daß ein Angriff gegen die Ostseezugänge ausschließlich aus der Ostsee vorgetragen würde, muß sie heute damit rechnen, daß der Warschauer Pakt einen derartigen Angriff von Osten und zugleich von Westen durchführen kann. Die dazu erforderlichen Seestreitkräfte – der Ostsee- oder der Nordmeerflotte – können sich bereits vor Angriffsbeginn in der Nordsee versammelt haben, wie es in Manövern der letzten Jahre mehrfach demonstriert wurde.

Wegen der unterschiedlichen geographischen Gegebenheiten in den verschiedenen Bereichen der NATO-Nordflanke begründet die Konzeption die erforderlichen Seestreitkräfte.

1. Die für den Ostsee-Einsatz vorgesehenen Einheiten müssen auch im Falles eine Überraschungsangriffes eine hohe Überlebensfähigkeit besitzen und in der Lage sein, durch wiederholte und überraschend geführte Einsätze Angriffe gegen die Küsten abzuwehren. Dies erfordert eine Vielzahl beweglicher Seekriegsmittel, die schnell Schwerpunkte bilden und die geographischen Gegebenheiten zu ihrem Vorteil nutzen können (Schnellboote, Jagdbomber, U-Boote, Minenleg- und -abwehrfahrzeuge).
2. Die Nordseestreitkräfte der Marine müssen in der Lage sein, Verstärkungen und Nachschub, die über See herangeführt werden, zu schützen, die Seeverbindungen des Gegners zwischen Ostsee und Atlantik zu unterbrechen sowie Angriffe gegen Nordseeküsten abzuwehren. Dies erfordert als deutschen Beitrag Seekriegsmittel, die weitgehend wetterunab-

hängig und bei hoher Verweildauer im Operationsgebiet vielseitig verwendbar sind (Zerstörer/Fregatten, U-Jagdflugzeuge, U-Boote, Jagdbomber).

3. Ausgewogene Kräfte im gesamten Einsatzraum der Marine sind für eine glaubhafte Abschreckung zwingend erforderlich. Die Aufaben in den einzelnen Teilbereichen sind zwar unterschiedlich, stehen aber in enger Abhängigkeit zueinander. Erfolge und Mißerfolge in den einzelnen Bereichen wirken sich direkt auf die angrenzenden aus. Qualitativ und quantitativ ausreichende See- und Seeluftstreitkräfte für Ost- und Nordsee sind daher Voraussetzung für die Erfüllung der Aufgaben der Marine.
4. Der Umfang der See- und Seeluftstreitkräfte muß so groß sein, daß eine mit begrenzten Kräften geführte Überraschungsaktion abgewehrt und ein großangelegter Angriff solange aufgehalten werden kann, bis die zur erfolgreichen Verteidigung erforderlichen Verstärkungen herangeführt sind.

Egbert Thomer

Z 1 Das Zerstörerbuch

Dies ist die Geschichte des ersten größeren Kriegsschiffes der Bundesmarine. Es wurde Anfang 1958 nach umfassender Modernisierung in Dienst gestellt und fuhr dann 14 Jahre lang unter deutscher Flagge über die Weltmeere. Ein glückhaftes Schiff mit tüchtigen Besatzungen, die sich in zahlreichen Manövern – aber auch bei Hilfeleistungen auf hoher See – glänzend bewährt haben. Z 1, ein Zerstörer der amerikanischen „Fletcher"-Klasse, von der mehr als 300 Einheiten gebaut wurden, war gewissermaßen eine schwimmende Schulstätte für Seeleute aller Fachrichtungen. Mit konventioneller Artillerie bewaffnet, zeichnete er sich bei Landzielschießen ebenso aus wie beim scharfen Schuß auf Luftziele. Das Buch schildert den Alltag an Bord, zeigt die engen Wohnverhältnisse auf, die von jedermann eine Menge an Anpassungsvermögen erforderten, berichtet über eindrucksvolle Auslandsreisen und den Streß im Zeichen harter Manövereinsätze, die schnell vergessen ließen, daß hier ein Schiff „seinen Mann" stand, das mehr als 25 Dienstjahre unter seinem scharfen Kiel hatte. Noch wenige Monate vor der Außerdienststellung lief der ranke Zerstörer mit 36 Knoten seinen viel jüngeren Artgenossen auf und davon. Ausgerüstet mit einer Operationszentrale bot Z1 gerade in der ersten Aufbauphase der Marine wertvolle Ausbildungskapazitäten an, die den Grundstein für das elektronische Know-how bildeten. Der Autor, selbst „Fletcher"-Fahrer, hat es verstanden, sein Buch zu einer lebendig-geschriebenen Reportage zu machen.

54 Fotos, Ganzleinen - DM 24,80

Mönch-Verlags GmbH., Koblenz/Bonn

53 Bonn-Duisdorf, Postfach 87